EL TRABAJO
DEL CELADOR.
NOCIONES BÁSICAS
Y FUNCIONES

Autoras:

- Mª de los Ángeles Tejado Alamillo.
- Ana Redondo Crespo.
- Blanca Rodríguez Ortuño.

Primera edición: febrero 2012
C 2012
ISBN: 9781471629907

ISBN 978-1-4716-2990-7

Índice_____

INTRODUCCIÓN

El Celador suele ser la primera persona con la que contactan enfermos y familiares al llegar a la Institución, éste aspecto es muy importante, ya que de la forma en que se establezca este contacto se puede originar una buena o mala impresión de los mismos. Por esto es tan importante una buena formación de éste personal.

El trabajo de los Celadores es tan necesario que sin el concurso de los mismos se llegaría a paralizar la marcha de la Institución. El Celador debe tener siempre en cuenta que no hay dos personas iguales en el mundo e intentar comprender a quién está tratando. Esta actitud del Celador hacia las personas es de suma importancia, pues para el público ese empleado representa a la Institución misma y el concepto que tenga de él, es el que tendrá de la propia Institución.

Por la peculiaridad del trabajo del Celador, debe tener en cuenta que en determinados momentos llega a ser alguien vital para quien le consulta o necesita, y sea éste familiar o paciente, por lo tanto debe tener muy en cuenta el efecto de sus actos hacia dichas personas.

Además, el Celador siempre debe tener muy presente que va a tratar en muchos casos a personas que sufren y que por lo tanto su comportamiento delante de ellos o sus familiares ha de ser siempre muy humano y delicado.

Tema 1. LEGISLACION GENERAL_____

1. Derechos y deberes de los enfermos según la Constitución Española de 1978.

Juan Carlos I de Borbón fue proclamado rey de España tras la muerte de Franco. El sistema de leyes fundamentales que regia el régimen político anterior era inapropiado para un efectivo asentamiento de un estado de derecho y, por consiguiente, de un régimen democrático. Para eso se aprobó una nueva ley fundamental, la ley para la Reforma Política (Ley 1/1977 de 4 de Enero), que modifico las anteriores leyes abriendo así una vía para la instauración de un sistema político pluralista con el protagonismo de los partidos políticos.

Las elecciones generales para elegir democráticamente las Cortes Nuevas y representativas del plupartidismo existente, se celebraron el 15 de Junio de 1977, donde asumieron como misión fundamental la elaboración de una Constitución.

El 31 de Octubre de 1978 ambas cámaras, Congreso de los Diputados y Senado aprobaron el texto de la Constitución.

La Constitución Española se caracteriza por:

- Su codificación en un solo texto, es una CE cerrada, a diferencia de la Leyes que vino a sustituir.
- Su extensión, fruto de su propio pragmatismo a diferencia de otras Constituciones occidentales de breve contenido.
- Su rigidez, ante la imposibilidad de modificarla a través de procedimientos legislativos ordinarios.
- Por configurar al Estado como unitario, regionalizado y federal.

La C.E se compone de:

- Preámbulo.
- 169 artículos, repartidos en Parte dogmatica y parte orgánica.
- Título preliminar y diez títulos más.
- Nueve disposiciones transitorias.
- Una disposición derogatoria.
- Y una disposición final.

A continuación nos centraremos en los derechos y deberes de los pacientes. Las Instituciones sanitarias tienen como objetivo garantizar una atención adecuada en el ámbito de prevención y rehabilitación de los pacientes, por lo tanto la legislación vigente está dotada de una serie de criterios con relación a la atención y asistencia de las personas atendidas para asegurar el cumplimiento de los derechos y deberes de la persona donde se refleja en la CE del 78 y que se deben mantener a pesar de la situación de enfermedad o discapacidad de las personas. De esta forma se busca que los servicios asistenciales den a toda persona el trato que le corresponde en el marco de sus derechos constitucionales.

El derecho a la salud se reconoce como uno de los derechos humanos en la legislación internacional, y por ello estos derechos deben ser conocidos tanto por los trabajadores como por los pacientes y sus familiares. Su cumplimiento debe crear unas mejores formas de convivencia entre el personal y el paciente, facilitando su relación.

Los derechos humanos que se aplican al ámbito sanitario de la CE se pueden ver a continuación:

- Derecho al respeto a su personalidad, dignidad humana e intimidad, sin que pueda ser discriminado por razones de tipo social, moral, económico o ideológico.
- Derecho a recibir información completa y continuada. Incluyendo diagnósticos, alternativas de tratamiento, sus riesgos, sus pronósticos, que le será facilitada en un lenguaje comprensible. En caso de que el paciente no quiera o no pueda manifiestamente recibir dicha información, está deberá proporcionarse a los familiares o personas legalmente responsables.
- Derecho a dar o no permiso para que se realicen en su persona investigaciones, experimentos o ensayos clínicos sin una información sobre métodos, riesgos y fines. Será imprescindible la autorización por escrito del paciente y la aceptación por parte del médico.
- Derecho a ser informado sobre los aspectos de las actividades asistenciales, que afecten a su proceso y situaciones personales. Conocer los cauces formales, reclamaciones, quejas, sugerencias y en general, para comunicarse con la administración de las Instituciones, con el debido derecho a recibir una respuesta por escrito.
- Derecho a conocer la normativa del centro y que las instituciones sanitarias le proporcione una asistencia técnica correcta con personal cualificado, un aprovechamiento máximo de los medios disponibles. Una asistencia con los mínimos riesgos, dolor y molestias psíquicas y físicas.
- Derecho a conocer el nombre y estamento profesional de las personas encargadas de su asistencia.

- Derecho a la confidencialidad. Resguardar mediante secreto profesional todo lo referente a la evolución del paciente.
- Derecho a la intimidad persona. Ya que la mayoría de los hospitales están diseñados para acoger a diversos enfermos en una misma habitación, éstas deberán tener estructura móvil que permita aislar al paciente según sus necesidades.
- Derecho a recibir informe por escrito. Informe con todos los datos clínicos referente al curso del tratamiento, exploraciones o cuidados.

De todos estos el que más suscita polémica seria el referente a la información ya que es muy difícil saber en cada momento cómo hay que informar al paciente de una forma comprensible, objetiva y evitando su angustiarlos sin necesidad.

Todos los derechos conllevan unos deberes, los pacientes debe de respetar y cumplir una serie de deberes:

- Obligación de tratar al personal con respeto, tanto a los que les atiende como a los demás enfermos.
- El usuario tiene el deber de colaborar en el cumplimiento de las normas e instrucciones establecidas en las instituciones sanitarias.
- Deber de solicitar información sobre las normas de funcionamiento de la institución y los canales de comunicación (quejas, sugerencias, reclamaciones y preguntas).
- El usuario tiene el deber de firmar el documento de Alta Voluntaria, en los casos de no aceptación de los métodos de tratamiento.
- Deber de exigir que se cumplan sus derechos.

2. Órganos Constitucionales.

a. La Corona.

El Rey es el Jefe del Estado, símbolo de su unidad y permanencia, arbitra y modera el funcionamiento regular de las instituciones, asume la más alta representación del Estado español en las relaciones internacionales, especialmente con las naciones de su comunidad histórica, y ejerce las funciones que le atribuyen expresamente la Constitución y las leyes.

La Corona es la Institución Constitucional en que se configura en España la jefatura del Estado, con unas características propias de la Monarquía Española, que son:

- La sucesión hereditaria de su titular a través de las sucesivas generaciones de la Familia Real.
- La inviolabilidad e inmunidad absolutas de su titular.
- La ausencia de iniciativa política y de poder efectivo.
- El disfrute de un grado elevado de autoridad.
- La realización por su titular de una serie de actos debidos (tasados) en orden al regular funcionamiento del Estado.

b. *El Gobierno.*

El Gobierno constituye con la Administración, el poder ejecutivo. Se compone del Presidente, Vicepresidente o Vicepresidentes o en su caso, y de los Ministros.

El Gobierno dirige la política interior y exterior, la Administración civil y militar y la defensa del Estado. Ejerce la función ejecutiva y la potestad reglamentaria de acuerdo con la Constitución y las leyes.

Para ser miembro del Gobierno se requiere ser español, mayor de edad, disfrutar de los derechos de sufragio activo y pasivo, así como de no estar inhabilitado para ejercer empleo o cargo público por sentencia judicial firme.

c. *Las Cortes Generales.*

Las Cortes Generales representan al pueblo español y están formadas por el Congreso de los Diputados y el Senado; ejercen la potestad legislativa del Estado, aprueban sus presupuestos, controlan la acción del Gobierno. El Congreso se compone de un mínimo de 300 y un máximo de 400 Diputados elegidos por sufragio universal, libre, igual directo y secreto.

El Senado es la Cámara de representación territorial. El Senado cuenta con dos tipos de miembros con los mismos derechos y prerrogativas: 208 Senadores de elección directa por los ciudadanos mediante un sistema mayoritario y alrededor de 50 designados por las Comunidades Autónomas. De manera semejante al Congreso, ejerce las funciones que la Constitución asigna a las Cortes Generales.

d. *El Poder Judicial.*

El Consejo General del Poder Judicial es el órgano de Gobierno del Poder Judicial, con competencia en todo el territorio nacional, su cometido principal es velar por la garantía de la independencia de los Jueces y

Magistrados en el ejercicio de las funciones jurisdiccionales que les son propias.

3. Fundamentos y características de la Ley General de Sanidad.

a. Fundamentos.

Los principios inspiradores de la formulación de la Ley General de Sanidad se concretan en dos:

1. Este es relativo al reconocimiento del derecho de todos los ciudadanos a la protección de la salud, derecho que para ser efectivo, requiere de los poderes públicos y la adopción de las medidas idóneas para satisfacerlo. La aplicación de la asistencia sanitaria pública a toda la población española se efectuara de modo progresivo adaptándose a las disponibilidades presupuestarias.
2. Otro punto es referido al plano de lo organizativo como es la instuclonalización, de Comunidades Autónomas en todo el territorio del Estado, a las cuales han reconocido sus estatutos amplias competencias en materia de sanidad.

b. Características.

Del análisis de la Ley General de Sanidad se detallan los siguientes principios generales del Sistema de Salud:

1. Los medios y actuaciones del sistema sanitario estarán orientados prioritariamente a la promoción de la salud y a la prevención de las enfermedades.
2. La asistencia sanitaria pública se extenderá a toda la población española. El acceso y las prestaciones sanitarias se realizarán en condiciones de igualdad efectiva. La política de salud estará orientada a la superación de los desequilibrios territoriales y sociales.
3. Las políticas, estrategias y programas de salud integrarán activamente en sus objetivos y actuaciones el principio de igualdad entre mujeres y hombres, evitando que, por sus diferencias físicas o por los estereotipos sociales asociados, se produzcan discriminaciones entre ellos en los objetivos y actuaciones sanitarias.
4. Tanto el Estado como las Comunidades Autónomas y las demás Administraciones públicas competentes, organizarán y desarrollarán todas las acciones sanitarias a que se refiere este Título dentro de una concepción integral del sistema sanitario. Las Comunidades Autónomas crearán sus servicios de salud dentro del marco de esta Ley y de sus respectivos Estatutos de Autonomía.

5. Los servicios públicos de salud se organizarán de manera que sea posible articular la participación comunitaria a través de las corporaciones territoriales correspondientes en la formulación de la política sanitaria y en el control de su ejecución. A los efectos de dicha participación se entenderán comprendidas las organizaciones empresariales y sindicales. La representación de cada una de estas organizaciones se fijará atendiendo a criterios de proporcionalidad, según lo dispuesto en el Título III de la Ley Orgánica de Libertad Sindical.

6. Las Administraciones Públicas obligadas a atender sanitariamente a los ciudadanos no abonarán a estos los gastos que puedan ocasionarse por la utilización de servicios sanitarios distintos de aquellos que les correspondan en virtud de lo dispuesto en esta Ley, en las disposiciones que se dicten para su desarrollo y en las normas que aprueben las Comunidades Autónomas en el ejercicio de sus competencias.

7. Una vez superadas las posibilidades de diagnóstico y tratamiento de la atención primaria, los usuarios del Sistema Nacional de Salud tienen derecho, en el marco de su área de salud, a ser atendidos en los servicios especializados hospitalarios. El Ministerio de Sanidad y Consumo acreditará servicios de referencia, a los que podrán acceder todos los usuarios del Sistema Nacional de Salud una vez superadas las posibilidades de diagnóstico y tratamiento de los servicios especializados de la Comunidad Autónoma donde residan.

8. Las actuaciones de las Administraciones públicas sanitarias estarán orientadas: a la promoción de la salud, a promover el interés individual, familiar y social por la salud mediante la adecuada educación sanitaria de la población, a garantizar que cuantas acciones sanitarias se desarrollen estén dirigidas a la prevención de las enfermedades y no sólo a la curación de las mismas, a garantizar la asistencia sanitaria en todos los casos de pérdida de la salud y a promover las acciones necesarias para la rehabilitación funcional y reinserción social del paciente.

9. En la ejecución de lo previsto en el apartado anterior, las Administraciones públicas sanitarias asegurarán la integración del principio de igualdad entre mujeres y hombres, garantizando su igual derecho a la salud.

10. Los servicios sanitarios, así como los administrativos, económicos y cualesquiera otros que sean precisos para el funcionamiento del sistema de salud, adecuarán su organización y funcionamiento a los principios de eficacia, celeridad, economía y flexibilidad.

11. Los poderes públicos deberán informar a los usuarios de los servicios del sistema sanitario público, o vinculados a él, de sus derechos y deberes.

12. Se considera como actividad fundamental del sistema sanitario la realización de los estudios epidemiológicos necesarios para orientar con mayor eficacia la prevención de los riesgos para la salud, así como la planificación y evaluación sanitaria, debiendo tener como base un sistema organizado de información sanitaria, vigilancia y acción epidemiológica.

13. Asimismo, se considera actividad básica del sistema sanitario la que pueda incidir sobre el ámbito propio de la veterinaria de salud pública en relación con el control de higiene, la tecnología y la investigación alimentarias, así como la prevención y lucha contra la zoonosis y las técnicas necesarias para la evitación de riesgos en el hombre debidos a la vida animal o a sus enfermedades.

14. Los poderes públicos orientarán sus políticas de gasto sanitario en orden a corregir desigualdades sanitarias y garantizar la igualdad de acceso a los servicios sanitarios públicos en todo el territorio español, según lo dispuesto en los artículos 9.2 y 158.1 de la Constitución.

15. Los poderes públicos procederán, mediante el correspondiente desarrollo normativo, a la aplicación de la facultad de elección de médico en la atención primaria del área de salud. En los núcleos de población de más de 250.000 habitantes se podrá elegir en el conjunto de la ciudad.

16. Las normas de utilización de los servicios sanitarios serán iguales para todos, independientemente de la condición en que se acceda a los mismos. En consecuencia, los usuarios sin derecho a la asistencia de los servicios de salud, podrán acceder a los servicios sanitarios con la consideración de pacientes privados, de acuerdo con los siguientes criterios:

   a. Por lo que se refiere a la atención primaria, se les aplicarán las mismas normas sobre asignación de equipos y libre elección que al resto de los usuarios.

   b. El ingreso en centros hospitalarios se efectuará a través de la unidad de admisión del hospital, por medio de una lista de espera única, por lo que no existirá un sistema de acceso y hospitalización diferenciado según la condición del paciente.

   c. La facturación por la atención de estos pacientes será efectuada por las respectivas administraciones de los centros, tomando base los costes efectivos.

17. Estos ingresos tendrán la condición de propios de los servicios de salud. En ningún caso estos ingresos podrán revertir directamente en aquellos que intervienen en la atención de estos pacientes.

4. Derecho a asistencia sanitaria.

a. *Características generales.*

El Sistema Nacional de Salud es la denominación dada a la articulación de las prestaciones sanitarias públicas de España desde 1986, en que fue creado mediante la ley General de Sanidad. Las mismas se encuentran gestionadas por las distintas comunidades autónomas tras su progresiva transferencia o por el Instituto Nacional de Gestión Sanitaria, dependiente del Ministerio de Sanidad. La actividad de todas ellas se armoniza mediante el Consejo Interterritorial del Sistema Nacional de Salud de España para dar cohesión al sistema y garantizar los derechos ciudadanos en todo el territorio.

El artículo 44 de la Ley General de Sanidad establece que el Sistema Nacional de Salud lo forman todas las estructuras y servicios públicos puestos al servicio de la salud de los ciudadanos.

El artículo 45 establece que el SNS, integra todas las funciones y prestaciones sanitarias que, son responsabilidad de los poderes públicos para el debido cumplimiento del derecho a la protección de la salud.

El artículo 46 determina las características fundamentales del SNS:

- La extensión de sus servicios a toda la población.
- La organización adecuada para prestar una atención integral a la salud, comprensiva tanto de la promoción de la salud y prevención de la enfermedad como de la curación y rehabilitación.
- La coordinación y, en su caso, la integración de todos los recursos sanitarios públicos en un dispositivo único.
- La financiación de las obligaciones derivadas de esta Ley se realizará mediante recursos de las Administraciones públicas, cotizaciones y tasas por la prestación de determinados servicios.
- La prestación de una atención integral de la salud procurando altos niveles de calidad debidamente evaluados y controlados. Ley 14/1986 General de Sanidad. Organización General de Sistema Sanitario Público.

b. *Asistencia sanitaria. Universalización del derecho.*

La universalización de la atención sanitaria en España puede realizarse bien como prestación de ciudadanía o como prestación no contributiva dentro de la Seguridad Social.

Resuelto el tema del patrimonio y con una buena regulación de las relaciones entre Seguridad Social y SNS, cualquiera de las dos alternativas es adecuada, si bien se considera que el mantenimiento de la protección sanitaria dentro del esquema de protección global para todos y la descentralización plena de su organización y gestión es lo más coherente.

En consecuencia, debería regularse la prestación sanitaria como una prestación universal, de carácter no contributivo, de la Seguridad Social, cuya organización y gestión están plenamente descentralizadas en las CC AA. En realidad, el único problema real que existe para la universalización es abordar de forma homogénea la cobertura del 5% de la población española que disfruta de sistemas de cobertura "especiales". Esta realidad se ha impuesto hasta la actualidad y puede ser que se considere –por parte de aquellos responsables de la toma de decisiones– que no sea conveniente homogeneizar las coberturas. En este caso debe procederse a finalizar con la ficción del aseguramiento único y a terminar con los núcleos de privilegio para unos pocos.

La universalización, por último, no significa igualitarismo en la organización y la gestión. La universalización, como se señalaba al inicio, es la garantía de una acción protectora homogénea para todos, y debe ser compatible con la necesaria reforma en la organización y gestión tanto del sistema como de los centros y establecimientos, empezando por una nueva política de personal, como ya se ha puesto de manifiesto en otros estudios.

5. Derecho a la confidencialidad y a la información.

En la Ley General de Sanidad se determinan como derechos:

- La información sobre los servicios sanitarios a los que acceder y sobre los requisitos necesarios para su uso.
- La confidencialidad de toda la información relacionada con la estancia en instituciones sanitarias públicas y privadas que colaboran con el sistema público.
- Información completa y continuada sobre el proceso asistencial, incluyendo diagnostico, pronostico y tratamiento.

La información al público debe ser:
- Clara, sencilla y concisa.
- Completa y detallada.
- Acompañada de trato agradable que de tranquilidad.

En lógica consecuencia con el respeto a la autonomía de la voluntad de los pacientes o usuarios, se les reconoce el Derecho a decidir "libremente" (tras haber recibido una información adecuada, comprensible y verdadera), entre las opciones clínicas disponibles.

Esta decisión libre puede conllevar incluso la negativa a tratamiento, salvo en los casos establecido por ley, como también veremos más adelante; en cualquier caso dicha negativa debe constar por escrito, forma escrita que no es sino una garantía de seguridad para los profesionales implicados en la actuación asistencial.

Se constituye en Principio Básico la Obligación de toda persona que elabore o tenga acceso a la información y a documentación clínica de los pacientes o usuarios de Guardar la Reserva Debida. También esta obligación se corresponde con el deber específico del personal estatutario recogido en la Ley 55/2.003, de 16 de Diciembre, del Estatuto Marco del Personal Estatutario de los Servicios de Salud, de mantener la Reserva Debida y Confidencialidad sobre la Información y Documentación, de Centros y Usuarios.

Considerando que la finalidad más esencial del Derecho a la Información Asistencial es facilitarle al paciente la toma de decisiones, de forma libre y autónoma, dicha información debe concebirse como una actuación más de la práctica asistencial, ajustándose a criterios de veracidad, comprensión y adecuación.

El médico responsable del paciente es el que le garantiza a éste el cumplimiento de su derecho a la información, si bien, el resto de profesionales que le atienden durante el proceso asistencial o le aplican una técnica o un procedimiento concreto también serán responsables de informarle. En este situación son protagonistas de la información desde el Celador que lo recibe al Médico que le atiende, la Enfermera, la Auxiliar de Enfermería, etc., en definitiva todos vienen obligados a informar al paciente de los cuidados que le van a dispensar, pero siempre, en el ámbito de sus respectivas competencias.

6. Personal no sanitario al servicio de las Instituciones Sanitarias de la Seguridad Social. Estatuto Jurídico.

La Ley General de Sanidad establece que en los Servicios de Salud se integrarán los diferentes servicios sanitarios públicos del respectivo ámbito territorial. Tal integración se realiza con las peculiaridades organizativas y funcionales de los correspondientes centros, entre ellas el régimen jurídico de su personal, lo que motiva que en los Servicios de Salud y en sus centros sanitarios se encuentre prestando servicios personal con vinculación funcionarial, laboral y estatutaria.

Si bien el personal funcionario y laboral ha visto sus respectivos regímenes jurídicos actualizados tras la promulgación de la Constitución Española, no ha sucedido así respecto al personal estatutario que, sin perjuicio de determinadas modificaciones normativas puntuales, viene en gran parte regulado por Estatutos preconstitucionales. Resulta, pues, necesario actualizar y adaptar el régimen jurídico de este personal, tanto en lo que se refiere al modelo del Estado Autonómico como en lo relativo al concepto y alcance actual de la asistencia sanitaria.

Los profesionales sanitarios y demás colectivos de personal que prestan sus servicios en los centros e instituciones sanitarias de la Seguridad Social han tenido históricamente en España una regulación específica. Esa regulación propia se ha identificado con la expresión "personal estatutario" que deriva directamente de la denominación de los tres Estatutos de Personal -el Estatuto de Personal Médico, el Estatuto de Personal Sanitario no Facultativo y el Estatuto de Personal no Sanitario- de tales Centros e Instituciones.

Los requisitos y condiciones para la adquisición de la condición de personal estatutario, los supuestos de su pérdida, la provisión de plazas, la selección de personal y la promoción interna se regulan en los Capítulos V y VI de la Ley, en cuyo Capítulo IV se enumeran los derechos y deberes de este personal, determinados desde la perspectiva de la esencial función de protección de la salud que desempeñan.

El principio de libre circulación y la posibilidad de movilidad del personal en todo el Sistema Nacional de Salud, se consagra en el Capítulo VII. Esta movilidad general, básica para dotar al Sistema Nacional de Salud de cohesión y coordinación, es también un mecanismo para el desarrollo del personal, que se complementa con la regulación de la carrera que se contiene en el Capítulo VIII y con el régimen retributivo que se fija en el Capítulo IX.

Tales condiciones generales deben asegurar un régimen común, aplicable con carácter general a los diferentes centros y establecimientos sanitarios, con el fin de garantizar el funcionamiento armónico y homogéneo de todos los Servicios de Salud.

Entre las características generales que esta Ley señala, cabe citar la fijación de unos límites máximos para la duración de la jornada ordinaria de trabajo, así como para la duración conjunta de ésta y de la jornada complementaria que resulte necesario realizar para atender al funcionamiento permanente de los Centros Sanitarios. La Ley señala también los tiempos mínimos de descanso diario y semanal, articulando regímenes de descanso alternativo para los supuestos en los que la necesaria prestación continuada de servicios impida su disfrute en los períodos señalados. Esta Ley se completa con la regulación de las situaciones del personal, el régimen disciplinario, las incompatibilidades y los sistemas de representación del personal, de participación y de negociación colectiva.

a. *Aplicación.*

El ESTATUTO DEL PERSONAL NO SANITARIO, .aprobado por Orden de 5 de julio de 1971, del Ministerio de Trabajo, Retrotrae sus efectos el día 1 de mayo de 1971. Están excluidos del ámbito de aplicación de dicho Estatuto:

a. **Los "Profesionales Libres"** que presten su colaboración y servicios a las Instituciones Sanitarias de la Seguridad Social, los cuales se regirán exclusivamente por los contratos formalizados al efecto y por las disposiciones reguladoras de su propia profesión; también por el Estatuto de los Trabajadores. (Personal no Sanitario de profesiones distintas a las existentes en el Estatuto de Personal no Sanitario, como por ejemplo letrados, economistas, etc.)

b. **El "Personal contratado"** al servicio de la Instituciones Sanitarias y retribuido con cargo a los planes económicos de las mismas, que se regirán exclusivamente por los contratos que hayan formalizado y por el Estatuto de los Trabajadores. Dentro de este personal contratado se distinguen varias modalidades de contrato:

- **"Interino":** Es la modalidad de contrato que se usa para sustituir a un trabajador en plantilla con derecho a reserva de plaza. En el contrato debe figurar el nombre de trabajador en Plantilla y la causa de su sustitución (ejemplo: vacaciones, excedencia de servicio militar, incapacidad laboral transitoria, etc.). Se extingue por la reincorporación del trabajador sustituido, sin necesidad de preaviso; salvo pacto en contrario. Igualmente se extingue si se termina el motivo de la sustitución, aunque no se incorporase el titular.

- **"Eventual":** Se utiliza esta modalidad bien por una vacante, bien por una acumulación de tareas. Las vacantes se pueden producir por los siguientes motivos:

  a. Plaza de nueva creación, por apertura de una Institución o por ampliación de plantilla.

  b. Traslado voluntario o por sanción disciplinaria.

  c. Excedencia voluntaria.

  d. Excedencia por invalidez.

  e. Separación definitiva del servicio (sanción por falta muy grave).

f. Jubilación.

g. Renuncia.

En el contrato eventual debe consignarse la causa que lo justifique.

La incorporación de personal temporal, ya sea interino o eventual, se realizará cuando sea imprescindible por razones de servicio. La selección del mismo se efectuará por procedimientos que, respetando los principios de igualdad, mérito y capacidad, garanticen la necesaria agilidad y eficacia, y cuenten con la participación de las Organizaciones Sindicales.
El personal así nombrado podrá mantenerse en la plaza hasta la incorporación a la misma de personal estatutario fijo designado para su desempeño o hasta que la misma sea amortizada.

En ningún caso ni bajo ningún supuesto les será de aplicación al personal contratado normas de equipación con el personal de plantilla. Este personal únicamente podrá incorporarse a plantilla de la Institución mediante las pruebas de selección establecidas.

b. *Clasificación del personal.*

El personal de plantilla de las Instituciones Sanitarias de la Seguridad Social que ha de regirse por lo establecido en el presente Estatuto se integrará en los grupos que a continuación se indican:

1. Personal Técnico.
2. De servicios especiales y función administrativa.
3. De oficio.
4. Subalterno.

En cada uno de estos grupos se integran distintas categorías, esquemáticamente tenemos:

1. **Personal Técnico:**
o *Personal Técnico titulado:*

Ingenieros Técnicos Industriales, Maestros Industriales, Maestros de E.G.B, Bibliotecarios, Técnicos ortopédicos, Delineantes y Otros Profesionales.

o *Personal Técnico no Titulado.*

2. **Personal de servicios especiales y función administrativa:**
o *De Servicios Especiales:*

Profesor de Educación Física, Profesor de Logofonía y Logopedia, Azafatas de relaciones públicas, Monitores, Locutores, Gobernantas, Telefonistas, Jefe de taller, Jefe de cocina y comedor, Controlador de suministros, Auxiliar ortopédico y Técnico de hostelería.

- *De Servicios Administrativos:*
  - Grupo Técnico.
  - Grupo de Gestión.
  - Grupo Administrativo.
  - Grupo Auxiliar Administrativo.

3. Personal de Oficio:

Mecánicos, Electricistas, Calefactores, Fontaneros, .Albañiles, Carpinteros, Jardineros, Pintores, Conductores, Peluqueros, Cocineros, Costureras, Operadores de máquinas de imprimir y reproducir, Peones, Tapiceros, Conductores de instalaciones y Fotógrafos.

4. Personal Subalterno:

- *Escala General:*
  - Jefes de Personal Subalterno.
  - Celadores.
- *Escala de Servicios:*
  Fogoneros, Planchadoras, Lavanderas, Pinches y Limpiadoras

c. *Ámbito administrativo.*

Las situaciones administrativas en que puede hallarse el personal no sanitario son las siguientes:

1. En Activo.
2. Situación especial en activo.
3. Excedente.

Activo

Se halla dicho personal en situación de servicio activo:
- Cuando ocupe plaza determinada en las plantillas de Instituciones Sanitarias de la Seguridad Social.

- Cuando por decisión de la Dirección General pasen temporalmente a prestar servicios a Órganos dependientes del Ministerio de Sanidad y

Consumo. Se considerará como en activo el tiempo de vacación anual, de permiso con sueldo y de enfermedad, hasta la declaración de la excedencia por invalidez. El personal en situación de servicio activo tiene todos los derechos, prerrogativas, deberes y responsabilidades inherentes a su condición.

Situación especial en activo.

El artículo 34.4.3. de la Ley 4/1990, de 29 de junio de Presupuestos Generales del Estado para 1990, extiende la aplicación de la "situación especial en activo", previsto para el Personal Sanitario no Facultativo, en los mismos casos y con idénticos efectos, al Personal no Sanitario de las Instituciones Sanitarias de la Seguridad Social.

Excedencia

La excedencia puede ser:

1. Voluntaria.
La excedencia Voluntaria es la que se declara a petición del interesado. Los requisitos de su concesión serán los siguientes:

a) Que quien la solicite se encuentre en situación de activo y tenga cumplido en tal situación un tiempo mínimo de un año inmediatamente anterior a la fecha de su solicitud.

b) Que no esté sujeto a expediente disciplinario o cumpliendo sanción anteriormente impuesta ni tenga pendiente el reembolso de anticipos.

Lo dispuesto en el apartado a) no será de aplicación a la mujer que al contraer matrimonio optase por quedar en situación de excedencia voluntaria. La excedencia voluntaria tendrá una duración mínima de un año. Durante el tiempo de permanencia en excedencia voluntaria, quedan en suspenso todos los derechos y obligaciones y, consecuentemente, no se percibirá remuneración alguna por ningún concepto ni será de abono el tiempo de excedencia para antigüedad.

El personal que ingrese en otros grupos o categorías distintos al que pertenezca, quedará en situación de excedencia voluntaria en el de procedencia. En el nuevo grupo o categoría conservará los trienios que tuviera reconocidos. Cumplido un año en situación de excedencia voluntaria, el excedente podrá solicitar su reincorporación al servicio activo. Este plazo no será de aplicación a la mujer que al contraer matrimonio hubiere optado por quedar en situación de excedencia voluntaria cuando solicite el reingreso a causa del fallecimiento, invalidez o abandono del esposo. El reingreso al servicio activo del personal que no tenga reservada plaza, se efectuara mediante su participación en la convocatoria del concurso de traslados.

Asimismo, el reingreso podrá producirse con carácter provisional por adscripción a una plaza de la correspondiente categoría y especialidad, con ocasión de vacante. A estos efectos tendrán consideración de vacante las plazas básicas de la categoría desempeñadas por personal temporal. La plaza desempeñada con carácter provisional se incluirá en el primer concurso de traslados que se celebre. Si quien la desempeñe con destino provisional no obtiene la plaza en el concurso, habiendo solicitado todas las convocadas en el área de salud, podrá optar por obtener nuevo destino provisional en alguna de las plazas que resulten vacantes como consecuencia de la resolución del mismo o por pasar a la situación de excedencia voluntaria.

La situación de excedencia voluntaria y por invalidez produce vacante en el respectivo Grupo o Escala. Los excedentes especiales y por Servicio Militar no causan vacante en el Grupo o Categoría respectivo. La excedencia por cuidado de hijo no causará vacante hasta transcurrido el primer año.

2. Especial.

Se considerará en situación de excedencia Especial al personal que habiendo sido nombrado para cargo público o de confianza, de carácter no permanente, por Decreto u Orden Ministerial, solicitase el pase a tal situación.

En esta situación de excedencia especial se reservará la plaza y destino en la localidad donde estuviera destinado al quedar en dicha situación, salvo que solicitara y obtuviera el traslado, en cuyo caso la reserva de destino se referirá a la nueva plaza obtenida de tal forma; se computará a todos los efectos el tiempo transcurrido en dicha situación, pero dejarán de percibir las remuneraciones que les corresponde como personal al servicio de Instituciones Sanitarias de la Seguridad Social.

Los excedentes especiales deberán incorporarse al destino que tuvieran reservado en el plazo de treinta días, como máximo, a contar desde el siguiente al del cese en el cargo político o de confianza. De no hacerlo así, pasarán automáticamente a la situación de excedencia voluntaria.

3. Por Servicio Militar Obligatorio.

El personal que preste el servicio militar quedará en situación de excedencia por dicho concepto.

Se le reservará plaza y destino en la localidad donde estuviera destinado al quedar en dicha situación, salvo que solicitara y obtuviese el traslado, en cuyo caso la reserva de destino se referirá a la nueva plaza obtenida de tal forma; se computará a todos los efectos e tiempo transcurrido en dicha situación y percibirá durante ella el 50 por 100 del haber que le corresponda por los conceptos de sueldo y trienios, siempre que acredite llevar como mínimo dos años en la plantilla.

Los que una vez terminado su reemplazo fueron llamados nuevamente a filas, percibirán la totalidad de las remuneraciones, con deducción de las que, en su caso, cobrasen del Ejército.

Los excedentes por servicio militar deberán incorporarse al destino que tuvieran reservado en el plazo de dos meses, como máximo, a contar desde la fecha en que hayan sido licenciados. De no hacerlo así, pasarán automáticamente a la situación de excedencia voluntaria.

4. *Por Invalidez.*

La excedencia por invalidez se declara automáticamente al cumplirse el período máximo de 2 años en situación de licencia por enfermedad. El tiempo de esta excedencia se computará a todos los efectos como si el interesado se encontrara en activo y durante la misma se abonará a éste su sueldo, trienios y pagas extraordinarias por ambos conceptos, deduciéndose de esta remuneración el importe de las prestaciones económicas de la Seguridad Social que percibiese por razón de enfermedad.

La situación de excedencia especial por invalidez tendrá una duración máxima de cuatro años, al final de los cuales se declarará automáticamente la jubilación por invalidez, todo ello sin perjuicio de la jubilación forzosa si procediese.

Si durante la vigencia de la situación de excedencia por invalidez se produjera la rehabilitación del enfermo, la Dirección General, previo el oportuno dictamen médico, acordará la reincorporación de éste, la que tendrá lugar en la localidad en la que prestaba servicio al quedar en excedencia, aunque no existiera vacante en dicho momento; en tal caso amortizará la primera vacante que se produzca.

El personal que regresase a la situación de activo, procedente de excedencia voluntaria o por invalidez, deberá tomar posesión del destino que se le haya fijado, dentro de los mismos plazos establecidos para traslados, el incumplimiento de tales plazos, sin causa suficientemente justificada, a juicio de la Dirección General, implica la renuncia definitiva a su relación laboral con las Instituciones Sanitarias de la Seguridad Social.

5. *Por cuidado de familiares.*

El personal estatutario tendrá derecho a un periodo de excedencia no superior a tres años para atender al cuidado de cada hijo, tanto cuando le sea por naturaleza como por adopción o acogimiento permanente o preadoptivo, a contar desde la fecha de nacimiento o, en su caso, de la resolución judicial o administrativa. Cuando el padre y la madre trabajen, solo uno de ellos podrá ejercitar este derecho.

También tendrán derecho a un periodo de excedencia, de duración no superior a un año, para atender al cuidado de un familiar que se encuentre a su cargo, hasta el segundo grado de consanguineidad o afinidad, que por razones de edad, accidente o enfermedad, no pueda valerse por sí mismo, y no desempeñe actividad retribuida.

d. *Derechos y deberes del personal.*

DERECHOS.

Derechos individuales.

1. El personal estatutario de los servicios de salud ostenta los siguientes derechos:

a. A la estabilidad en el empleo y al ejercicio o desempeño efectivo de la profesión o funciones que correspondan a su nombramiento.
b. A la percepción puntual de las retribuciones e indemnizaciones por razón del servicio en cada caso establecidas.
c. A la formación continuada adecuada a la función desempeñada y al reconocimiento de su cualificación profesional en relación a dichas funciones.
d. A recibir protección eficaz en materia de seguridad y salud en el trabajo, así como sobre riesgos generales en el centro sanitario o derivados del trabajo habitual, y a la información y formación específica en esta materia conforme a lo dispuesto en la Ley 31/1995, de 8 de noviembre, de Prevención de Riesgos Laborales.
e. A la movilidad voluntaria, promoción interna y desarrollo profesional, en la forma en que prevean las disposiciones en cada caso aplicables.
f. A que sea respetada su dignidad e intimidad personal en el trabajo y a ser tratado con corrección, consideración y respeto por sus jefes y superiores, sus compañeros y sus subordinados.

g. Al descanso necesario, mediante la limitación de la jornada, las vacaciones periódicas retribuidas y permisos en los términos que se establezcan.

h. A recibir asistencia y protección de las Administraciones públicas y servicios de salud en el ejercicio de su profesión o en el desempeño de sus funciones.

i. Al encuadramiento en el Régimen General de la Seguridad Social, con los derechos y obligaciones que de ello se derivan.

j. A ser informado de las funciones, tareas, cometidos, programación funcional y objetivos asignados a su unidad, centro o institución, y de los sistemas establecidos para la evaluación del cumplimiento de los mismos.

k. A la no discriminación por razón de nacimiento, raza, sexo, religión, opinión, orientación sexual o cualquier otra condición o circunstancia personal o social.

l. A la jubilación en los términos y condiciones establecidas en las normas en cada caso aplicables.

m. A la acción social en los términos y ámbitos subjetivos que se determinen en las normas, acuerdos o convenios aplicables.

Derechos colectivos.

El personal estatutario ostenta, en los términos establecidos en la Constitución y en la legislación específicamente aplicable, los siguientes derechos colectivos:

a. A la libre sindicación.
b. A la actividad sindical.
c. A la huelga, garantizándose en todo caso el mantenimiento de los servicios que resulten esenciales para la atención sanitaria a la población.
d. A la negociación colectiva, representación y participación en la determinación de las condiciones de trabajo.
e. A la reunión.
f. A disponer de servicios de prevención y de órganos representativos en materia de seguridad laboral.

Retribuciones.

1. Básicas.

Las retribuciones básicas son:

a. El sueldo asignado a cada categoría en función del título exigido para su desempeño conforme a lo previsto en los artículos 6.2 y 7.2 de esta Ley.

b. Los trienios, que consisten en una cantidad determinada para cada categoría en función de lo previsto en el párrafo anterior, por cada tres años de servicios. La cuantía de cada trienio será la establecida para la categoría a la que pertenezca el interesado el día en que se perfeccionó.

c. Las pagas extraordinarias serán dos al año y se devengarán preferentemente en los meses de junio y diciembre. El importe de cada una de ellas será, como mínimo, de una mensualidad del sueldo y trienios, al que se añadirá la catorceava parte del importe anual del complemento de destino.

Las retribuciones básicas y las cuantías del sueldo y los trienios a que se refiere el apartado anterior serán iguales en todos los servicios de salud y se determinarán, cada año, en las correspondientes Leyes de Presupuestos. Dichas cuantías de sueldo y trienios coincidirán igualmente con las establecidas cada año en las correspondientes Leyes de Presupuestos Generales del Estado para los funcionarios públicos.

2. *Complementarias.*

Las retribuciones complementarias son fijas o variables, y van dirigidas a retribuir la función desempeñada, la categoría, la dedicación, la actividad, la productividad y cumplimiento de objetivos y la evaluación del rendimiento y de los resultados, determinándose sus conceptos, cuantías y los criterios para su atribución en el ámbito de cada servicio de salud.

Las retribuciones complementarias podrán ser:

a. Complemento de destino correspondiente al nivel del puesto que se desempeña. El importe anual del complemento de destino se abonará en 14 pagas.

b. Complemento específico, destinado a retribuir las condiciones particulares de algunos puestos en atención a su especial dificultad técnica, dedicación, responsabilidad, incompatibilidad, peligrosidad o penosidad. En ningún caso podrá asignarse más de un complemento específico a cada puesto por una misma circunstancia.

c. Complemento de productividad, destinado a retribuir el especial rendimiento, el interés o la iniciativa del titular del puesto, así como su participación en programas o actuaciones concretas y la contribución del personal a la consecución de los objetivos programados, previa evaluación de los resultados conseguidos.

d. Complemento de atención continuada, destinado a remunerar al personal para atender a los usuarios de los servicios sanitarios de manera permanente y continuada.

e. Complemento de carrera, destinado a retribuir el grado alcanzado en la carrera profesional cuando tal sistema de desarrollo profesional se haya implantado en la correspondiente categoría.

3. Personal temporal.

El personal estatutario temporal percibirá la totalidad de las retribuciones básicas y complementarias que, en el correspondiente servicio de salud, correspondan a su nombramiento, con excepción de los trienios.

4. Aspirantes en prácticas

En el ámbito de cada servicio de salud se fijarán las retribuciones de los aspirantes en prácticas que, como mínimo, corresponderán a las retribuciones básicas, excluidos trienios, del grupo al que aspiren ingresar.

DEBERES.

Señala es Estatuto como deberes específicos del personal no sanitario los siguientes:

- Acatar la Constitución.
- El fiel desempeño de la función.
- Cooperar al mejoramiento de los servicios y a la consecución de los fines de la unidad en la que se hallen destinados.
- Respeto y obediencia a sus superiores jerárquicos.
- Tratar con corrección a sus subordinados y facilitar a éstos el cumplimiento de sus obligaciones.
- En relación con el público, viene obligado a prestarle la mayor atención y tratarle con la máxima corrección que exige la función social que le está encomendada.
- El titular de cada plaza es responsable de la tarea que tenga encomendada, sin que ello excluya la colaboración que en cada caso debe prestar para la realización de la que corresponda a sus compañeros.
- La asistencia puntual y la permanencia en el puesto de trabajo durante el horario que se fije, no pudiendo abandonar la zona de trabajo sin permiso superior.
- El rendimiento normal en el trabajo.
- La observación del secreto profesional.
- Observar la debida conducta dentro y fuera de la Institución, evitando en todo momento que sus actos puedan repercutir en perjuicio o descrédito de la misma o de los que a ella pertenezcan.

- No aceptar propina, dádiva o regalo alguno por sus servicios.
- Cuidar al máximo la limpieza y conservación de las taquillas de vestuario, así como las duchas, aseos y servicios comunes de los mismos.
- Durante las horas de servicio, todo el personal especial, de oficio y subalterno, vendrá obligado a vestir las prendas cuyas características y duración determinará la Delegación General. El deterioro o menoscabo de la prenda, producido a causa o como consecuencia del servicio, es la única razón admisible para reducir el período de duración de las prendas. El personal será responsable económicamente de la conservación de las prendas que reciba durante el período de validez de las mismas, y no podrá utilizarlas fuera de las jornadas de trabajo.
- El personal de Instituciones Sanitarias de la Seguridad Social se someterá a los reconocimientos periódicos y medidas profilácticas de carácter sanitario, que el Director de la Institución estime convenientes.

e. Régimen disciplinario del personal.

Dentro del régimen disciplinario del personal no sanitario encontramos:

- **Faltas**
  Las faltas se clasifican en leves, graves y muy graves.

❖ *Faltas Leves.*
  o De tres a cinco faltas injustificadas de puntualidad en la asistencia al trabajo, cometidas en el período de un mes.
  o El incumplimiento de los deberes específicos sin perjuicio sensible para el servicio.
  o La desatención con los superiores, compañeros, subordinados y público.
  o En general, aquellas otras que, sin afectar a la eficacia del servicio, su comisión implique descuido excusable en el trabajo o alteración de formas sociales de normal observancia.

❖ *Faltas Graves*
  o Más de cinco faltas injustificadas de puntualidad en la asistencia al trabajo, cometidas en el período de un mes.
  o La falta injustificada de asistencia o permanencia en el trabajo, así como la tolerancia o amparo en la comisión de las mismas.
  o El incumplimiento de los deberes específicos, con perjuicio sensible para el servicio.

- La falta de respeto con los superiores, compañeros, subordinados y público.
- El incumplimiento de las normas establecidas o de las órdenes recibidas.
- El quebranto del secreto profesional. Si se ocasionasen graves perjuicios a la Institución, se considerará esta infracción como falta muy grave.
- La gestión o tramitación de asuntos de empresas o particulares en relación con los servicios de la Seguridad Social que el Instituto administra, y en general, la infracción del deber de incompatibilidad; cuando de tal infracción se deriven perjuicios graves para la Institución, la falta será muy grave.
- El desmerecimiento en el concepto público cuando origine escándalo.
- Los altercados en las dependencias de la Institución.
- La reincidencia en falta leve, aunque sean de distinta naturaleza, siempre que la infracción antecedente haya sido sancionada.
- La aceptación de cualquier compensación económica de las personas protegidas por la Seguridad Social.
- En general, todo acto u omisión que revele un grado de negligencia o ignorancia inexcusable o causen perjuicios para los servicios y aquellos otros que atenten a la propia dignidad de su autor.

❖ *Faltas Muy Graves*
- Más de veinte faltas injustificadas de puntualidad en la asistencia al trabajo, cometidas en el período de tres meses.
- La falta injustificada de asistencia al trabajo por tiempo superior a diez días consecutivos.
- El abandono del servicio.
- La indisciplina y desobediencia graves.
- Los malos tratamientos de palabra u otra falta grave de respeto a los superiores, compañeros, subordinados y público.
- La falta de probidad o moralidad.
- El fraude, la deslealtad o el abuso de confianza en las gestiones encomendadas, así como el falseamiento u omisiones maliciosas en las informaciones que le sean solicitadas.
- La disminución voluntaria y continuada en el rendimiento normal del trabajo.
- La embriaguez cuando sea habitual.
- La insubordinación individual o colectiva.
- El desmerecimiento notorio en el concepto público y, en general, la relación de actos contrarios a la moral pública o que redunden en desprestigio de la Institución.

- o La comisión de hechos constitutivos de delitos dolosos, declarados por sentencia judicial firme.
- o La reincidencia en faltas graves, aunque sean de distinta naturaleza, siempre que la infracción antecedente haya sido sancionada.

Las faltas leves prescribirán a los dos meses; las graves, al año, y las muy graves, a los tres años. El término de la prescripción comenzará a correr el día en que se hubiera cometido la infracción. Esta prescripción se interrumpirá desde que se inicie el expediente disciplinario contra el inculpado, volviendo a correr de nuevo el tiempo de la prescripción desde que aquél termine sin ser sancionado, o se paralice el procedimiento.

- **Sanciones.**

Las sanciones disciplinarias al personal incurso en las faltas previstas anteriormente, serán las siguientes:

❖ *Faltas Leves*
- o Apercibimiento por escrito.
- o Pérdida de uno a cuatro días de remuneraciones.

❖ *Faltas Graves*
- o Suspensión de empleo y sueldo de un mes a seis meses

❖ *Faltas Muy Graves.*
- o Suspensión de empleo y sueldo de seis meses y un día a un año.
- o Traslado de residencia.
- o Separación definitiva del servicio.

Las sanciones correspondientes a las faltas graves o muy graves serán impuestas previa instrucción de expediente.

f. Cese.

El cese significa que el personal no sanitario cesara en el desempeño de la plaza que ocupe, por cualquiera de las siguientes causas:

- Renuncia.
- Jubilación.
- Sanción con separación definitiva de servicios.
- La no incorporación sin causa debidamente justificada al nuevo destino cuando se hubiera ordenado traslado forzoso.

7. Selección de plazas del Personal Estatutario.

a. *Criterios de provisión.*

La provisión de plazas del personal estatutario se regirá por los siguientes principios básicos:

- Igualdad, mérito, capacidad y publicidad en la selección, promoción y movilidad del personal de los servicios de salud.
- Planificación eficiente de las necesidades de recursos y programación periódica de las convocatorias.
- Integración en el régimen organizativo y funcional del servicio de salud y de sus instituciones y centros.
- Movilidad del personal en el conjunto del Sistema Nacional de Salud.
- Coordinación, cooperación y mutua información entre las Administraciones sanitarias públicas.
- Participación, a través de la negociación en las correspondientes mesas, de las organizaciones sindicales especialmente en la determinación de las condiciones y procedimientos de selección, promoción interna y movilidad, del número de las plazas convocadas y de la periodicidad de las convocatorias.

La provisión de plazas del personal estatutario se realizará por los sistemas de selección de personal, de promoción interna y de movilidad, así como por reingreso al servicio activo en los supuestos y mediante el procedimiento que en cada servicio de salud se establezcan. En cada servicio de salud se determinarán los puestos que puedan ser provistos mediante libre designación.

b. *Convocatorias de selección y participación.*

La selección del personal estatutario fijo se efectuará, con carácter periódico, en el ámbito que en cada servicio de salud se determine, a través de convocatoria pública y mediante procedimientos que garanticen los principios constitucionales de igualdad, mérito y capacidad, así como el de competencia. Las convocatorias se anunciarán en el boletín o diario oficial de la correspondiente Administración pública.

Los procedimientos de selección, sus contenidos y pruebas se adecuarán a las funciones a desarrollar en las correspondientes plazas incluyendo, en su caso, la acreditación del conocimiento de la lengua oficial de la respectiva comunidad autónoma en la forma que establezcan las normas autonómicas de aplicación.

Las convocatorias y sus bases vinculan a la Administración, a los tribunales encargados de juzgar las pruebas y a quienes participen en las mismas. Las convocatorias deberán identificar las plazas convocadas indicando, al menos, su número y características, y especificarán las condiciones y requisitos que deben reunir los aspirantes, el plazo de presentación de solicitudes, el contenido de las pruebas de selección, los baremos y programas aplicables a las mismas y el sistema de calificación. Para poder participar en los procesos de selección de personal estatutario fijo será necesario reunir los siguientes requisitos:

- Poseer la nacionalidad española o la de un Estado miembro de la Unión Europea o del Espacio Económico Europeo, u ostentar el derecho a la libre circulación de trabajadores conforme al Tratado de la Unión Europea o a otros tratados ratificados por España, o tener reconocido tal derecho por norma legal.
- Estar en posesión de la titulación exigida en la convocatoria o en condiciones de obtenerla dentro del plazo de presentación de solicitudes.
- Poseer la capacidad funcional necesaria para el desempeño de las funciones que se deriven del correspondiente nombramiento.
- Tener cumplidos 18 años y no exceder de la edad de jubilación forzosa.
- No haber sido separado del servicio, mediante expediente disciplinario, de cualquier servicio de salud o Administración pública en los seis años anteriores a la convocatoria, ni hallarse inhabilitado con carácter firme para el ejercicio de funciones públicas ni, en su caso, para la correspondiente profesión.
- En el caso de los nacionales de otros Estados mencionados en el párrafo a, no encontrarse inhabilitado, por sanción o pena, para el ejercicio profesional o para el acceso a funciones o servicios públicos en un Estado miembro, ni haber sido separado, por sanción disciplinaria, de alguna de sus Administraciones o servicios públicos en los seis años anteriores a la convocatoria.

c. *Sistema de selección.*

i. Personal fijo.

La selección del personal estatutario fijo se efectuará con carácter general a través del sistema de concurso-oposición. La selección podrá realizarse a través del sistema de oposición cuando así resulte más adecuado en función de las características socio-profesionales del colectivo que pueda acceder a las pruebas o de las funciones a desarrollar.

Cuando las peculiaridades de las tareas específicas a desarrollar o el nivel de cualificación requerida así lo aconsejen, la selección podrá realizarse por el sistema de concurso. La oposición consiste en la celebración de una o más pruebas dirigidas a evaluar la competencia, aptitud e idoneidad de los aspirantes para el desempeño de las correspondientes funciones, así como a establecer su orden de prelación. La convocatoria podrá establecer criterios o puntuaciones para superar la oposición o cada uno de sus ejercicios. El concurso consiste en la evaluación de la competencia, aptitud e idoneidad de los aspirantes para el desempeño de las correspondientes funciones a través de la valoración con arreglo a baremo de los aspectos más significativos de los correspondientes currículos, así como a establecer su orden de prelación. La convocatoria podrá establecer criterios o puntuaciones para superar el concurso o alguna de sus fases.

Los baremos de méritos en las pruebas selectivas para el acceso a nombramientos de personal sanitario se dirigirán a evaluar las competencias profesionales de los aspirantes a través de la valoración, entre otros aspectos, de su currículo profesional y formativo, de los más significativos de su formación pregraduada, especializada y continuada acreditada, de la experiencia profesional en centros sanitarios y de las actividades científicas, docentes y de investigación y de cooperación al desarrollo o ayuda humanitaria en el ámbito de la salud.

El concurso-oposición consistirá en la realización sucesiva, y en el orden que la convocatoria determine, de los dos sistemas anteriores.

Si así se establece en la convocatoria, y como parte del proceso selectivo, aspirantes seleccionados en la oposición, concurso o concurso-oposición deberán superar un período formativo, o de prácticas, antes de obtener nombramiento como personal estatutario fijo. Durante dicho período, que no será aplicable a las categorías o grupos profesionales para los que se exija título académico o profesional específico, los interesados ostentarán la condición de aspirantes en prácticas.

El ámbito de cada servicio de salud se regulará la composición y funcionamiento de los órganos de selección, que serán de naturaleza colegiada y actuarán de acuerdo con criterios de objetividad, imparcialidad, agilidad y eficacia. Sus miembros deberán ostentar la condición de personal funcionario de carrera o estatutario fijo de las Administraciones públicas o de los servicios de salud, o de personal laboral de los centros vinculados al Sistema Nacional de Salud, en plaza o categoría para la que se exija poseer titulación del nivel académico igual o superior a la exigida para el ingreso. Les será de aplicación lo dispuesto en la normativa reguladora de los órganos colegiados y de la abstención y recusación de sus miembros.

ii. Personal temporal.

La selección del personal estatutario temporal se efectuará a través de procedimientos que permitan la máxima agilidad en la selección, procedimientos que se basarán en los principios de igualdad, mérito, capacidad, competencia y publicidad y que serán establecidos previa negociación en las mesas correspondientes. En todo caso, el personal estatutario temporal deberá reunir los requisitos establecidos en la Ley.

El personal estatutario temporal podrá estar sujeto a un período de prueba, durante el que será posible la resolución de la relación estatutaria a instancia de cualquiera de las partes.

El período de prueba no podrá superar los tres meses de trabajo efectivo en el caso de personal previsto en los artículos 6.2.a y 7.2.a de esta Ley, y los dos meses para el resto del personal. En ningún caso el período de prueba podrá exceder de la mitad de la duración del nombramiento, si ésta está precisada en el mismo. Estará exento del período de prueba quien ya lo hubiera superado con ocasión de un anterior nombramiento temporal para la realización de funciones de las mismas características en el mismo servicio de salud en los dos años anteriores a la expedición del nuevo nombramiento.

iii. Promoción interna.

Los servicios de salud facilitarán la promoción interna del personal estatutario fijo a través de las convocatorias previstas en esta Ley y en las normas correspondientes del servicio de salud. El personal estatutario fijo podrá acceder, mediante promoción interna y dentro de su servicio de salud de destino, a nombramientos correspondientes a otra categoría, siempre que el título exigido para el ingreso sea de igual o superior nivel académico que el de la categoría de procedencia, y sin perjuicio del número de niveles existentes entre ambos títulos.

Los procedimientos para la promoción interna se desarrollarán de acuerdo con los principios de igualdad, mérito y capacidad y por los sistemas de oposición, concurso o concurso-oposición. Podrán realizarse a través de convocatorias específicas si así lo aconsejan razones de planificación o de eficacia en la gestión. Para participar en los procesos selectivos para la promoción interna será requisito ostentar la titulación requerida y estar en servicio activo, y con nombramiento como personal estatutario fijo durante, al menos, dos años en la categoría de procedencia. El personal seleccionado por el sistema de promoción interna tendrá preferencia para la elección de plaza respecto del personal seleccionado por el sistema de acceso libre.

iv. Promoción interna temporal.

Por necesidades del servicio y en los supuestos y bajo los requisitos que al efecto se establezcan en cada servicio de salud, se podrá ofrecer al personal estatutario fijo el desempeño temporal, y con carácter voluntario, de funciones correspondientes a nombramientos de una categoría del mismo nivel de titulación o de nivel superior, siempre que ostente la titulación correspondiente.

Estos procedimientos serán objeto de negociación en las mesas correspondientes.

Durante el tiempo en que realice funciones en promoción interna temporal, el interesado se mantendrá en servicio activo en su categoría de origen, y percibirá las retribuciones correspondientes a las funciones efectivamente desempeñadas, con excepción de los trienios, que serán los correspondientes a su nombramiento original. El ejercicio de funciones en promoción interna temporal no supondrá la consolidación de derecho alguno de carácter retributivo o en relación con la obtención de nuevo nombramiento.

d. *Nombramiento.*

Los nombramientos como personal estatutario fijo serán expedidos a favor de los aspirantes que obtengan mayor puntuación en el conjunto de las pruebas y evaluaciones. Los nombramientos serán publicados en la forma que se determine en cada servicio de salud. En el nombramiento se indicará expresamente el ámbito al que corresponde, conforme a lo previsto en la convocatoria y en las disposiciones aplicables en cada servicio de salud.

Tema 2. SISTEMA NACIONAL Y DE LAS COMUNIDADES AUTONOMAS DE LOS SERVICIOS DE SALUD_____

1. Sistema Nacional de Salud.

El **Sistema Nacional de Salud** es la denominación dada a la articulación de las prestaciones sanitarias públicas de España desde 1986, en que fue creado mediante la ley General de Sanidad. Las mismas se encuentran gestionadas por las distintas comunidades autónomas tras su progresiva transferencia o por el Instituto Nacional de Gestión Sanitaria, dependiente del Ministerio de Sanidad. La actividad de todas ellas se armoniza mediante el Consejo Interterritorial del Sistema Nacional de Salud de España para dar cohesión al sistema y garantizar los derechos ciudadanos en todo el territorio.

El artículo 44 de la Ley General de Sanidad establece que el Sistema Nacional de Salud lo forman todas las estructuras y servicios públicos puestos al servicio de la salud de los ciudadanos.

El artículo 45 establece que el SNS, integra todas las funciones y prestaciones sanitarias que, son responsabilidad de los poderes públicos para el debido cumplimiento del derecho a la protección de la salud.

1.1. Características.

- La extensión de sus servicios a toda la población.
- La organización adecuada para prestar una atención integral a la salud, comprensiva tanto de la promoción de la salud y prevención de la enfermedad como de la curación y rehabilitación.
- La coordinación y, en su caso, la integración de todos los recursos sanitarios públicos en un dispositivo único.
- La financiación de las obligaciones derivadas de esta Ley se realizará mediante recursos de las Administraciones públicas, cotizaciones y tasas por la prestación de determinados servicios.

- La prestación de una atención integral de la salud procurando altos niveles de calidad debidamente evaluados y controlados

1.2. Formas de Gestión del Sistema de Salud.

- *Organismos.*
  - *Organismos Autónomos.*
    - *Definición: organismo público al que se encomienda, en régimen de descentralización funcional, la realización de actividades de fomento, prestaciones de gestión de servicios públicos.*
    - *Ley de Contratos: sujetos a ella.*
    - *Régimen Jurídico: derecho administrativo.*
    - *Régimen Personal: laboral o funcional.*

  - *Entidades Públicas Empresariales.*
    - *Definición: organismo público al que se encomienda la realización de actividades prestacionales, la gestión de servicios o de producción de bienes de interés público susceptibles de contraprestación económica.*
    - *Ley de Contratos: Ley de Contratos de las AAPP.*
    - *Régimen Jurídico: derecho privado.*
    - *Régimen Personal: laboral.*

- *Sociedades Mercantiles.*
  - *Anónimas Mercantiles.*
    - *Definición: sociedad anónima en la que la Administración pública o en sus organismos públicos cuentan con la mayoría de las acciones o participantes.*
    - *Ley de Contratos: Real Decreto Legislativo 1564/1989 de 22 de diciembre.*
    - *Régimen Jurídico: derecho privado.*
    - *Régimen Personal: laboral.*

  - *Responsabilidad Limitada.*
    - *Definición: Sociedad de Responsabilidad Limitada en la que la Administración Pública o sus organismos públicos cuenten con la mayoría de las acciones o participaciones.*
    - *Ley de Contratos: Ley sobre Sociedades de Responsabilidad Limitada.*
    - *Régimen Jurídico: derecho privado.*
    - *Régimen Personal: laboral.*

- *Otros.*

- Consorcios.
  - Definición: entidad jurídica publica, de carácter asociativo y naturaleza voluntaria, con personalidad jurídica plena e independiente de la de sus miembros.
  - Ley de Contratos: Derecho privado, debe cumplir con los principios de publicidad y concurrencia.
  - Régimen Jurídico: derecho público y derecho privado.
  - Régimen Personal: laboral en su mayor parte.

- Fundaciones.
  - Definición: organizaciones que, por voluntad de sus creadores tienen afectado de modo duradero su patrimonio a la realización de fines de interés general.
  - Ley de Contratos: Derecho privado, debe cumplir con los principios de publicidad y concurrencia.
  - Régimen Jurídico: derecho privado.
  - Régimen Personal: laboral.

- Cooperativas.
  - Definición: sociedad mercantil que realiza cualquier actividad económico-social lícita para la mutua ayuda entre miembros.
  - Ley de Contratos: No está sujeta a ellas.
  - Régimen Jurídico: derecho privado, impera la legislación autonómica sobre cooperativas.
  - Régimen Personal: laboral.

1.3. Actuación Sanitaria.

Las administraciones públicas, a través de sus servicios de salud y de los órganos competentes en cada caso, desarrollaran las siguientes actuaciones:

- Adopción sistemática de acciones para la educación sanitaria como elemento primordial para la mejora de la salud individual y comunitaria.

- La atención primaria integral de la salud, incluyendo, además de las acciones curativas y rehabilitadoras, las que tiendan a la promoción de la salud y a la prevención de la enfermedad del individuo y de la comunidad.

- La asistencia sanitaria especializada, que incluye la asistencia domiciliaria, la hospitalización y la rehabilitación.

- La prestación de los productos terapéuticos precisos.

- Los programas de atención a grupos de población de mayor riesgo y programas específicos de protección frente a factores de riesgo, así como los programas de prevención de las deficiencias, tanto congénitas como adquiridas.

- La promoción y la mejora de los sistemas de saneamiento, abastecimiento de aguas, eliminación y tratamiento de residuos líquidos y sólidos; la promoción y mejora de los sistemas de saneamiento y control del aire, con especial atención a la contaminación atmosférica; la vigilancia sanitaria y adecuación a la salud del medio ambiente en todos los ámbitos de la vida, incluyendo la vivienda.

- Los programas de orientación en el campo de la planificación familiar y la prestación de los servicios correspondientes.

- La promoción y mejora de la salud mental.

- La protección, promoción y mejora de la salud laboral.

- El control sanitario y la prevención de los riesgos para la salud derivados de los productos alimentarios, incluyendo la mejora de sus cualidades nutritivas.

- El control sanitario de los productos farmacéuticos, otros productos y elementos de utilización terapéutica, diagnostica y auxiliar y de aquellos otros que, afectando al organismo humano, puedan suponer un riesgo para la salud de las personas.

- Promoción y mejora de las actividades de veterinaria de salud pública, sobre todo en las áreas de la higiene alimentaria, en mataderos e industrias de su competencia, y en la armonización funcional que exige la prevención y lucha contra la zoonosis.

- La difusión de la información epidemiológica general y específica para fomentar el conocimiento detallado de los problemas de salud.

- La mejora y adecuación de las necesidades de la formación del personal al servicio de la organización sanitaria.

- El fomento de la investigación científica en el campo especifico de los problemas de salud.

- El control y mejora de la calidad de la asistencia sanitaria en todos sus niveles.

Todas estas son actuaciones sanitarias de carácter general, sin embargo, existen dentro de algunas de ellas una serie de actuaciones específicas, en determinadas sectores de atención sanitaria:

SANIDAD MENTAL.

Sobre la base de la plena integración de las actuaciones relativas a la salud mental en el sistema sanitario general y de la total equiparación del enfermo mental a las demás personas que requieran servicios sanitarios y sociales, las administraciones sanitarias competentes adecuaran su actuación a los siguientes principios:

o La atención a los problemas de salud mental de la población se realizara en el ámbito comunitario, potenciando los recursos asistenciales a nivel ambulatorio y los sistemas de hospitalización parcial y atención a domicilio, que reduzcan al máximo posible la necesidad de hospitalización. Se consideraran de modo especial aquellos problemas referentes a la psiquiatría infantil y psicogeriatría.

o La hospitalización de los pacientes por procesos que así lo requieran se realizara en las unidades psiquiátricas de los hospitales generales.

o Se desarrollaran los servicios de rehabilitación y reinserción social necesarios para una adecuada atención integral de los problemas del enfermo mental, buscando la necesaria coordinación con los servicios sociales.

o Los servicios de salud mental y de atención psiquiátrica del sistema sanitario general cubrirán, asimismo, en coordinación con los servicios sociales, los aspectos de prevención primaria y la atención a los problemas psicosociales que acompaña la perdida de salud en general.

SANIDAD LABORAL.

La actuación sanitaria en el ámbito de la salud laboral comprenderá los siguientes aspectos:

• Promover con carácter general la salud integral del trabajador.

• Actuar en los aspectos sanitarios de la prevención de los riesgos profesionales.

• Asimismo se vigilaran las condiciones de trabajo y ambientales que puedan resultar nocivas o insalubres durante los periodos de embarazo y lactancia de la mujer trabajadora, acomodando su actividad laboral, si fuese necesario, a un trabajo compatible durante los periodos referidos.

• Determinar y prevenir los factores de microclima laboral en cuanto puedan ser causantes de efectos nocivos para la salud de los trabajadores.

- Vigilar la salud de los trabajadores para detectar precozmente e individualizar los factores de riesgo y deterioro que puedan afectar a la salud de los mismos.

- Elaborar junto con las autoridades laborales competentes un mapa de riesgos laborales para la salud de los trabajadores. a estos efectos, las empresas tienen obligación de comunicar a las autoridades sanitarias pertinentes las sustancias utilizadas en el ciclo productivo. asimismo, se establece un sistema de información sanitaria que permita el control epidemiológico y el registro de morbilidad y mortalidad por patología profesional.

- Promover la información, formación y participación de los trabajadores y empresarios en cuanto a los planes, programas y actuaciones sanitarias en el campo de la salud laboral.

SANIDAD AMBIENTAL.

En este sector, las autoridades sanitarias, dispondrán o participaran con otros departamentos a la hora de la elaboración y ejecución de la Legislación en materia de: calidad de aire, aguas, residuos orgánicos, sólidos y líquidos, vivienda y urbanismo, medio laboral, etc.

1.4. *Infracciones y sanciones.*

Las infracciones en materia de sanidad serán objeto de las sanciones administrativas correspondientes, previa instrucción del oportuno expediente, sin perjuicio de las responsabilidades civiles, penales o de otro orden que puedan concurrir.

En los supuestos en que las infracciones pudieran ser constitutivas de delito, la administración pasara el tanto de culpa a la jurisdicción competente y se abstendrá de seguir el procedimiento sancionador mientras la autoridad judicial no dicte sentencia firme. De no haberse estimado la existencia de delito, la administración continuara el expediente sancionador tomando como base los hechos que los tribunales hayan considerado probados. Las medidas administrativas que hubieran sido adoptadas para salvaguardar la salud y seguridad de las personas se mantendrán en tanto la autoridad judicial se pronuncie sobre las mismas.

En ningún caso se impondrá una doble sanción por los mismos hechos y en función de los mismos intereses públicos protegidos, si bien deberán exigirse las demás responsabilidades que se deduzcan de otros hechos o infracciones concurrentes.

Las infracciones se califican como leves, graves y muy graves, atendiendo a los criterios de riesgo para la salud, cuantía del eventual beneficio obtenido, grado de intencionalidad, gravedad de la alteración sanitaria y social producida, generalización de la infracción y reincidencia.

Se tipifican como infracciones sanitarias las siguientes:

a) Infracciones leves.

- Las simples irregularidades en la observación de la normativa sanitaria vigente, sin trascendencia directa para la salud pública.

- Las cometidas por simple negligencia, siempre que la alteración o riesgo sanitarios producidos fueren de escasa entidad.

- Las que, en razón de los criterios contemplados en este Artículo, merezcan la calificación de leves o no proceda su calificación como las graves o muy graves.

b) Infracciones graves.

- Las que reciban expresamente dicha calificación en la normativa especial aplicable en cada caso.

- Las que se produzcan por falta de controles y precauciones exigibles en la actividad, servicio o instalación de que se trate.

- Las que sean concurrentes con otras infracciones sanitarias leves, o hayan servido para facilitarlas o encubrirlas.

- El incumplimiento de los requerimientos específicos que formulen las autoridades sanitarias, siempre que se produzcan por primera vez.

- La resistencia a suministrar datos, facilitar información o prestar colaboración a las autoridades sanitarias o a sus agentes.

- Las que, en razón de los elementos contemplados en este Artículo, merezcan la calificación de graves o no proceda su calificación como faltas leves o muy graves.

- La reincidencia en la comisión de infracciones leves, en los últimos tres meses.

c) Infracciones muy graves.

- Las que reciban expresamente dicha calificación en la normativa especial aplicable en cada caso.

- Las que se realicen de forma consciente y deliberada, siempre que se produzca un daño grave.

- Las que sean concurrentes con otras infracciones sanitarias graves, o hayan servido para facilitar o encubrir su comisión.

- El incumplimiento reiterado de los requerimientos específicos que formulen las autoridades sanitarias.

- La negativa absoluta a facilitar información o prestar colaboración a los servicios de control e inspección.

- La resistencia, coacción, amenaza, represalia, desacato o cualquier otra forma de presión ejercida sobre las autoridades sanitarias o sus agentes.

- Las que, en razón de los elementos contemplados en este Artículo y de su grado de concurrencia, merezcan la calificación de muy graves o no proceda su calificación como faltas leves o graves.

- La reincidencia en la comisión de faltas graves en los últimos cinco años.

1.5. Recursos humanos y financiación del Sistema de Salud.

- *PERSONAL.*

El personal de la Seguridad Social regulado en el Estatuto Jurídico de Personal Médico de la Seguridad Social, en el Estatuto del Personal Sanitario Titulado y Auxiliar de Clínica de la Seguridad Social, en el Estatuto del Personal no Sanitario al Servicio de las Instituciones Sanitarias de la Seguridad Social, el personal de las Entidades Gestoras que asuman los servicios no transferibles y los que desempeñen su trabajo en los Servicios de Salud de las Comunidades Autónomas se regirán por lo establecido en el Estatuto-Marco que aprobará el Gobierno en desarrollo de esta Ley.

Este Estatuto-Marco contendrá la normativa básica aplicable en materia de clasificación, selección, provisión de puestos de trabajo y situaciones, derechos, deberes, régimen disciplinario, incompatibilidades y sistema retributivo, garantizando la estabilidad en el empleo y su categoría profesional. En desarrollo de dicha normativa básica, la concreción de las funciones de cada estamento de los señalados en el apartado anterior se establecerá en sus respectivos Estatutos, que se mantendrán como tales.

Las normas de las Comunidades Autónomas en materia de personal se ajustarán a lo previsto en dicho Estatuto-Marco. La selección de personal y su gestión y administración se hará por las Administraciones responsables de los servicios a que estén adscritos los diferentes efectivos.

El ejercicio de la labor del personal sanitario deberá organizarse de forma que se estimule en los mismos la valoración del estado de salud de la población y se disminuyan las necesidades de atenciones reparadoras de la enfermedad.

Los recursos humanos pertenecientes a los Servicios del Área se considerarán adscritos a dicha unidad de gestión, garantizando la formación y perfeccionamiento continuados del personal sanitario adscrito al Área.

El personal podrá ser cambiado de puesto por necesidades imperativas de la organización sanitaria, con respecto de todas las condiciones laborales y económicas dentro del Área de Salud.

- *FINANCIACION.*

Los presupuestos del Estado, Comunidades Autónomas, Corporaciones Locales y Seguridad Social consignarán las partidas precisas para atender las necesidades sanitarias de todos los Organismos e Instituciones dependientes de las Administraciones Públicas y para el desarrollo de sus competencias. La financiación de la asistencia prestada se realizará con cargo a:

a) Cotizaciones sociales.
b) *Transferencias del Estado, que abarcarán:*
   - *La participación en la contribución de aquél al sostenimiento de la Seguridad Social.*
   - *La compensación por la extensión de la asistencia sanitaria de la Seguridad Social a aquellas personas sin recursos económicos.*
   - *La compensación por la integración, en su caso, de los hospitales de las Corporaciones Locales en el Sistema Nacional de Salud.*
c) *Tasas por la prestación de determinados servicios.*
d) *Por aportaciones de las Comunidades Autónomas y de las Corporaciones Locales.*

La participación en la financiación de los servicios de las Corporaciones Locales que deban ser asumidos por las Comunidades Autónomas se llevará a efecto, por un lado, por las propias Corporaciones Locales y, por otro, con cargo al Fondo Nacional de Cooperación con las Corporaciones Locales. Las Corporaciones Locales deberán establecer, además, en sus presupuestos las consignaciones precisas para atender a las responsabilidades sanitarias que la Ley les atribuye.

El Gobierno regulará el sistema de financiación de la cobertura de la asistencia sanitaria del sistema de la Seguridad Social para las personas no incluidas en la misma que, de tratarse de personas sin recursos económicos, será en todo caso con cargo a transferencias estatales.

La generalización del derecho a la protección de la salud y a la atención sanitaria que implica la homologación de las atenciones y prestaciones del sistema sanitario público se efectuará mediante una asignación de recursos financieros que tengan en cuenta tanto la población a atender en cada Comunidad Autónoma como las inversiones sanitarias a realizar para corregir las desigualdades territoriales sanitarias.

La financiación de los servicios transferidos a las Comunidades Autónomas s efectuará a través de los Presupuestos Generales del Estado o de la Seguridad Social, según corresponda.

Los ingresos procedentes de la asistencia sanitaria en los supuestos de seguros obligatorios especiales y en todos aquellos supuestos, asegurados o no, en que aparezca un tercero obligado al pago, tendrán la condición de ingresos propios del Servicio de Salud correspondiente. Los gastos inherentes a la prestación de tales servicios no se financiarán con los ingresos de la Seguridad Social. En ningún caso estos ingresos podrán revertir en aquellos que intervinieron en la atención a estos pacientes.

A estos efectos, las Administraciones Públicas que hubieran atendido sanitariamente a los usuarios en tales supuestos tendrán derecho a reclamar del tercero responsable el coste de los servicios prestados.

1.6.   Consejo Interterritorial de Salud.

El Consejo Interterritorial del Sistema Nacional de Salud de España es el órgano de cooperación e intercomunicación de los servicios de salud de las comunidades autónomas entre sí y con la administración del Estado para dar cohesión al sistema y garantizar los derechos ciudadanos en todo el territorio. En la Ley 16/2003, de 28 de mayo, de cohesión y calidad del Sistema Nacional de Salud, en su artículo 69 recoge su actual composición y funciones.

Se constituyó por primera vez en abril de 1987 con treinta y cuatro miembros, formada con el mismo número que corresponde a los representantes de las comunidades autónomas y los representantes de la Administración central del Estado. El funcionamiento se realiza en Pleno, en Comisión Delegada, Comisiones técnicas y Grupos de Trabajo. Los Plenos son convocados por el presidente o por un tercio de sus miembros. Se reúnen por lo menos cuatro veces al año y a ella acuden los consejeros de salud de las comunidades autónomas, siendo el órgano con más alto nivel. El segundo nivel lo representa la Comisión Delegada, presidida por el secretario general de sanidad. Los acuerdos se realizan por consenso.

❖ Funciones.

El Consejo funcionará en Pleno y en Comisión Delegada. El Consejo podrá acordar la creación de cuantas Comisiones y Grupos de trabajo considere necesarios para la preparación, el estudio y desarrollo de las cuestiones sometidas a su conocimiento.

- *El Pleno* estará compuesto por el Presidente, el Vicepresidente, los Consejeros y el Secretario del Consejo. Cuando la materia de los asuntos a tratar así lo requiera, el Presidente podrá convocar a las reuniones del Pleno, con voz y sin voto, a representantes de la Administración General del Estado o de las Comunidades Autónomas, en este último caso a propuesta del correspondiente Consejero miembro del Consejo. En todo caso, asistirán a las reuniones, con voz y sin voto, el Subsecretario de Sanidad y Consumo y el Director General de Cohesión y Alta Inspección del Sistema Nacional de Salud. Además del Secretario, acudirán a las reuniones del Pleno, con voz y sin voto, los Presidentes de las Comisiones, con el objetivo de informar sobre las conclusiones de sus trabajos, para una mejor integración del cometido de las mismas.

- *La Comisión Delegada*, constituida por el Secretario General de Sanidad, que la presidirá, un representante de cada Comunidad Autónoma con rango de Viceconsejero o equivalente y un representante del Ministerio de Sanidad y Consumo que actuará de secretario, ejercerá las funciones y adoptará las decisiones que el Consejo le delegue. Asimismo, realizará el seguimiento y la evaluación de las Comisiones y Grupos de trabajo del Consejo. A las reuniones del Pleno se llevará un índice de los asuntos tratados en las reuniones de la Comisión Delegada.

- El Consejo podrá acordar la creación de <u>Comisiones</u>. La composición y régimen de funcionamiento de cada Comisión, así como los cometidos que correspondan a su finalidad, deberán especificarse en la sesión en que se acuerde su constitución. A ellas podrán incorporarse los expertos pertinentes. Las Comisiones estarán integradas por un representante del Ministerio de Sanidad y Consumo y uno por cada una de las Comunidades Autónomas, en la materia correspondiente. Igualmente, el Consejo podrá acordar la creación de Grupos de trabajo, que estarán compuestos por técnicos del Ministerio de Sanidad y Consumo y de las Comunidades Autónomas u otros expertos en la materia a tratar. Siempre con un objetivo concreto y determinado y fijando un tiempo para el desarrollo de su trabajo.

❖ Competencias.

El Consejo Interterritorial del Sistema Nacional de Salud es el órgano permanente de coordinación, cooperación, comunicación e información de los servicios de salud, entre ellos y con la Administración del Estatal, que tiene como finalidad promover la cohesión del SNS a través de la garantía efectiva de los derechos de los ciudadanos en todo el territorio.

2. Instituto Nacional de Gestión Sanitaria.

1.1   Creación y regulación.

El Real Decreto 840/2002 de 2 de agosto, por el que se modifica y desarrolla la estructura orgánica básica del Ministerio de Sanidad y Consumo, considera imprescindible la adaptación del Instituto Nacional de la Salud en una entidad de menor dimensión, pero conservando la misma personalidad jurídica y naturaleza de entidad gestora de la Seguridad Social y las funciones de gestión de los derechos y obligaciones del INSALUD.

Esta entidad, que pasa a denominarse Instituto Nacional de Gestión Sanitaria, se ocupa de las prestaciones sanitarias en el ámbito territorial de las Ciudades de Ceuta y Melilla y de la realización de cuantas otras actividades sean necesarias para el normal funcionamiento de sus servicios.

1.2   Estructura.

La estructura orgánica del Instituto Nacional de Gestión Sanitaria se encuentra regulada por las siguientes disposiciones:

- El Real Decreto 1133/2008, de 4 de julio, por el que se desarrolla la estructura orgánica básica del Ministerio de Sanidad y Consumo, establece, en su artículo 8, en su apartado 4, que el Instituto Nacional de Gestión Sanitaria se adscribe al Ministerio de Sanidad y Consumo a través de la Secretaría General de Sanidad.
- Real Decreto 38/2008, de 18 de enero, por el que se modifica parcialmente el Real Decreto 1746/2003, de 19 de diciembre, por el que se regula la organización de los servicios periféricos del Instituto Nacional de Gestión Sanitaria y la composición de los órganos de participación en el control y vigilancia de la gestión.
- El Real Decreto 1746/2003, de 19 de diciembre, regula la organización de los servicios periféricos del Instituto Nacional de Gestión Sanitaria y la composición de los órganos de participación en el control y vigilancia de la gestión.
- El Real Decreto 840/2002, de 2 de agosto, en su artículo 15, dispone la estructura del Instituto Nacional de Gestión Sanitaria.

1.3 Órganos de participación.

La participación en el control y vigilancia de la gestión del Instituto Nacional de Gestión Sanitaria se llevará a cabo por el Consejo de Participación y por las Comisiones Ejecutivas Territoriales.

- Consejo de Participación: es el órgano a través del cual se realiza la participación de los usuarios y consumidores, trabajadores, empresarios y Administraciones Públicas en el control y vigilancia de la gestión del Instituto, estará integrado por 6 representantes de las organizaciones sindicales que hayan obtenido la condición de más representativas en función de su representatividad; 6 de las organizaciones empresariales; 1 representante de las organizaciones de consumidores y usuarios, designado por el Consejo de Consumidores y Usuarios y 6 en representación de las Administraciones Públicas, uno de los cuales ejercerá la Presidencia de Consejo.
- Comisiones Ejecutivas Territoriales: son los órganos a través de los cuales se realiza la participación de los usuarios y consumidores, trabajadores, empresarios y Administraciones Públicas en el control y vigilancia de la gestión en el ámbito de las Ciudades de Ceuta y Melilla, estarán integradas por 10 vocales, 3 en representación de las organizaciones sindicales, 3 de las organizaciones empresariales, 1 representante de las organizaciones de consumidores y usuarios y 3 en representación de las Administraciones Públicas.

El Presidente será el respectivo Director Territorial.

1.4 *Dirección y Gestión.*

Corresponde al Director del Instituto Nacional de Gestión Sanitaria, con el nivel orgánico de Subdirector General, el ejercicio de las facultades atribuidas a los Directores de las Entidades Gestoras de la Seguridad Social, en su respectivo ámbito territorial de actuación y, en general, la dirección y gestión ordinaria del Instituto. De la Dirección del Instituto dependen las siguientes Subdirecciones Generales:

- Subdirección General de Atención Sanitaria, a la que corresponde la ordenación, control y evaluación de la gestión de la atención primaria, la atención especializada y los conciertos del Instituto Nacional de Gestión Sanitaria.
- Subdirección General de Gestión Económica y Recursos Humanos, encargada de la gestión de presupuestos y control económico, la gestión de obras, instalaciones y suministros, la ordenación y ejecución de la política de personal del Instituto Nacional de Gestión Sanitaria, así como la asistencia técnica y administrativa a todos los servicios centrales del Instituto y la relación con los servicios periféricos y el régimen interior, y asume la secretaría de los órganos de participación en el control y vigilancia de la gestión.
- Intervención Central, está adscrita a la Dirección del Instituto Nacional de Gestión Sanitaria, con el nivel orgánico que se establezca en la correspondiente relación de puestos de trabajo, sin perjuicio de su dependencia funcional con respecto a la Intervención General de la Administración del Estado y a la Intervención General de la Seguridad Social.
- El Centro Nacional de Dosimetría, con sede en Valencia, está adscrito al Instituto Nacional de Gestión Sanitaria, tendrá el nivel orgánico y la estructura que se determine en la correspondiente plantilla orgánica.

1.5 *Servicios Periféricos.*

En el ámbito de las Ciudades de Ceuta y Melilla, la dirección y gestión del Instituto Nacional de Gestión Sanitaria se realizará a través de las Direcciones Territoriales de Ceuta y Melilla. La gestión de los servicios sanitarios se efectuará por las Gerencias de Atención Sanitaria.

Las Direcciones Territoriales del Instituto Nacional de Gestión Sanitaria dependen de la Dirección del Instituto, sin perjuicio de las competencias de dirección y supervisión que corresponden a los Delegados del Gobierno, a los que prestarán colaboración en los términos establecidos en el artículo 35 de la

Ley 6/1997, de 14 de abril, de Organización y Funcionamiento de la Administración General del Estado.

Al frente de cada una de las Direcciones Territoriales existirá un Director Territorial. En el ámbito de las Ciudades de Ceuta y Melilla, corresponde al titular de la Dirección Territorial la dirección, supervisión y coordinación del Instituto Nacional de Gestión Sanitaria.

Las Gerencias de Atención Sanitaria. Se crea una Gerencia en cada una de las Ciudades de Ceuta y Melilla, que dependerán orgánicamente de su respectiva Dirección Territorial, sin perjuicio de su dependencia funcional respecto de los servicios centrales del Instituto Nacional de Gestión Sanitaria.

En cada una de las citadas Ciudades, los centros de atención primaria y atención especializada dependerán de la Gerencia de Atención Sanitaria. Al frente de las Gerencias existirá un Gerente de Atención Sanitaria. Corresponde al titular de la Gerencia de Atención Sanitaria la representación de los centros de atención primaria y especializada y la superior autoridad y responsabilidad dentro de éstos.

1.6   Centro Nacional de Dosimetría de Valencia.

Tiene encomendada, de acuerdo con la legislación vigente, la lectura y control dosimétrico mensual de los trabajadores del Sistema Nacional de Salud profesionalmente expuestos a las radiaciones ionizantes. De los resultados estadísticos, lecturas efectuadas cada mes, así como de las lecturas que superan los límites y circunstancias concurrentes da cuenta al Consejo de Seguridad Nuclear como responsable de la protección radiológica en todo el Estado.

Como Unidad de Protección Radiológica, actúa en las instalaciones de radiodiagnóstico de los Centros Sanitarios del Instituto Nacional de Gestión Sanitaria en Ceuta y Melilla y en las CC.AA. de Castilla-La Mancha y La Rioja, colaborando con los Servicios de Protección Radiológica y las Direcciones de las Instituciones para la preparación de la documentación necesaria que posibilite la autorización de instalaciones radiactivas por parte del Consejo de Seguridad Nuclear.

Dispone de un laboratorio de Metrología de Radiaciones Ionizantes, acreditado desde 1994 por la Entidad Nacional de Acreditación, para la calibración de equipos de medida de instalaciones radiológicas. Cuenta con acreditación y tiene aprobado un Programa por el Consejo de Seguridad Nuclear, para la dispensación de cursos de formación de operadores de instalaciones radiactivas, actividad que oferta a las Gerencias de las instituciones sanitarias del Sistema Nacional de Salud para la acreditación de su personal.

1.7   Real Decreto 840/2002.

Este Decreto se desarrolla la estructura del Instituto de Gestión Sanitaria, en los artículos siguientes:

- *Articulo 11. Secretaria General de Sanidad.*

1. La Secretaría General de Sanidad es el órgano directivo del Departamento al que corresponde desempeñar las funciones enumeradas en el artículo 16 de la Ley de Organización y Funcionamiento de la Administración General del Estado, en relación con las funciones concernientes a salud pública, coordinación interterritorial y alta inspección, calidad y planificación sanitaria y sistemas de información, y ejercer la dirección, impulso y supervisión de los centros directivos dependientes del mismo y de los organismos públicos que le están adscritos.

Así mismo, ejercerá, entre otras, las siguientes funciones:

a. Fomentar una asistencia humanizada y de calidad con garantías bioéticas, y basada en el mejor interés del paciente.
b. Evaluar el funcionamiento, prestaciones y resultados del Sistema Nacional de Salud.
c. Identificar oportunidades de colaboración con las Comunidades Autónomas, promoviendo planes de actuación conjuntos cuando proceda.
d. Garantizar la equidad y accesibilidad a los servicios del Sistema Nacional de Salud, asegurando la movilidad de los pacientes.
e. Promover políticas de salud orientadas prioritariamente a las enfermedades prevalentes, sin olvidar las enfermedades de menor prevalencia pero que tienen gran trascendencia individual, familiar o social.

2. De la Secretaría General de Sanidad dependen los centros directivos siguientes:

a. La Dirección General de Salud Pública.
b. La Dirección General de Alta Inspección y Coordinación del Sistema Nacional de Salud.
c. La Dirección General de Planificación Sanitaria, Sistemas de Información y Prestaciones.

3. Quedan adscritos al Ministerio de Sanidad y Consumo, a través de la Secretaría General de Sanidad, el organismo autónomo Instituto de Salud Carlos III y la entidad gestora Instituto Nacional de Gestión Sanitaria.

- *Artículo 12. Dirección General de Salud Pública.*

1. La Dirección General de Salud Pública es el órgano que asume las funciones relativas a la información epidemiológica, promoción de la salud y prevención de las enfermedades, sanidad exterior, salud laboral, control sanitario del medio ambiente y requisitos higiénico-sanitarios de los productos de uso y consumo humano así como, la elaboración de la normativa en estas materias. Así mismo, le corresponde la determinación de los criterios que permitan establecer la posición española ante la Unión Europea y en los foros internacionales en las materias de salud pública, sin perjuicio de las competencias de otros Departamentos Ministeriales.

2. De la Dirección General de Salud Pública dependen las Subdirecciones Generales siguientes:

   a. Subdirección General de Sanidad Exterior.
   b. Subdirección General de Promoción de la Salud y Epidemiología.
   c. Subdirección General de Sanidad Ambiental y Salud Laboral.

3. Se adscriben a la Dirección General de Salud Pública, los siguientes órganos colegiados:

   a. La Comisión de Ayudas Sociales a los Afectados por el Virus de la Inmunodeficiencia Humana Adquirida, prevista en el Real Decreto-ley 9/1993, de 28 de mayo, y regulada por la Orden de 18 de noviembre de 1996.
   b. La Comisión Nacional de Coordinación y Seguimiento de Programas de Prevención del Sida y la Secretaría del Plan Nacional sobre el Sida, previstas en el Real Decreto 592/1993, de 23 de abril.
   c. La Comisión Nacional de Hemoterapia, regulada por el Real Decreto 1945/1985, de 9 de octubre.

4. La Subdirección General de Sanidad Exterior tendrá las funciones siguientes:

   a. Las que en materia de sanidad exterior se derivan de lo establecido en la legislación internacional, en la Ley 14/1986, de 25 de abril, General de Sanidad, y en el Real Decreto 1418/1986, de 13 de junio, comprendiendo, en todo caso, la autorización sanitaria y control para la importación y exportación de muestras humanas para estudios analíticos diagnósticos o de investigación.

b. La elaboración y seguimiento de programas de carácter nacional e internacional de lucha contra la antropozoonosis.

c. Las que en materia de veterinaria de salud pública tienen encomendadas el Departamento, salvo las adscritas a la Agencia de Seguridad Alimentaria.

d. La producción normativa en materia de sanidad exterior y veterinaria de salud pública, tanto de carácter exclusivo como básico, así como el seguimiento de su aplicación, sin perjuicio de las competencias de otros Departamentos y de las Comunidades Autónomas.

5. La Subdirección General de Promoción de la Salud y Epidemiología tendrá las funciones siguientes:

a. El análisis, propuesta y, en su caso, gestión de un plan estratégico de salud pública para la vertebración de las acciones de las Administraciones públicas en este ámbito, incluyendo la coordinación de programas de promoción y protección de la salud, asegurando la participación de todas las Administraciones públicas competentes y demás agentes implicados.

b. El análisis, propuesta y, en su caso, gestión de programas de prevención de las enfermedades, de educación para la salud y de promoción de hábitos saludables, especialmente de aquellos que supongan el desarrollo de iniciativas adoptadas, por la Unión Europea, en coordinación con las Comunidades Autónomas, y la elaboración de recomendaciones al Sistema Nacional de Salud para la mejora de las actuaciones que en estas materias se realizan.

c. El desarrollo de la Encuesta Nacional de Salud y el Registro de Interrupción Voluntaria del Embarazo.

d. La Planificación, Coordinación y Desarrollo de estrategias de actuación de la Red Nacional de Vigilancia Epidemiológica, en coordinación con el Instituto de Salud Carlos III y las comisiones y ponencias del Consejo Interterritorial del Sistema Nacional de Salud.

e. Ejercer la secretaría de la Comisión Nacional de Hemoterapia.

f. Ejercer la secretaría de la Comisión de Ayudas Sociales a los afectados por el VIH.

g. Gestionar la tramitación, resolución y pago de las ayudas establecidas por la Ley 14/2002, de 5 de junio.

6. La Subdirección General de Sanidad Ambiental y Salud Laboral tendrá las funciones siguientes:

a. La evaluación, prevención y control de los efectos de los factores ambientales sobre la salud humana, la transposición de directivas europeas destinadas a la protección sanitaria frente a riesgos ambientales para la salud humana, la gestión de redes de vigilancia y alerta sanitaria de riesgos ambientales, las propuestas de reglamentación sobre el control sanitario de las aguas, el control sanitario de la calidad del aire, de la protección radiológica del paciente y de las radiaciones no ionizantes.

b. El registro, autorización y/o evaluación del riesgo para la salud humana de biocidad y productos químicos así como la aplicación del sistema de notificación de sustancias nuevas y sustancias existentes.

c. La determinación de los criterios de clasificación, envasado y etiquetado de sustancias y preparados químicos peligrosos, la evaluación de la peligrosidad de los productos fitosanitarios y la transposición de la legislación europea sobre control de productos químicos peligrosos en todos los aspectos relacionados con la salud humana.

d. Las actuaciones relacionadas con la promoción y protección de la salud laboral que sean competencia del Ministerio de Sanidad y Consumo según la Ley 14/1986, de 25 de abril, General de Sanidad, y la Ley 31/1995, de 8 de noviembre, de Prevención de Riesgos Laborales, y las que correspondan al mismo Ministerio en el marco de la Comisión Nacional de Seguridad y Salud Laboral y las Relaciones con las Comunidades Autónomas en este ámbito.

e. La coordinación de las ponencias de Sanidad Ambiental y Protección Radiológica del Consejo Interterritorial del Sistema Nacional de Salud.

- *Articulo 13. Dirección General de Alta Inspección y Coordinación del Sistema Nacional de Salud.*

1. La Dirección General de Alta Inspección y Coordinación del Sistema Nacional de Salud es el órgano encargado de velar por la vertebración funcional del Sistema Nacional de Salud, que dará apoyo al pleno y a las comisiones y grupos de trabajo del Consejo Interterritorial del Sistema Nacional de Salud, con la finalidad de facilitar la cooperación del Ministerio de Sanidad y Consumo con los distintos Servicios de Salud, ejercer la alta inspección del Sistema Nacional de Salud que la Ley General de Sanidad asigna al Estado y de asumir la coordinación de las relaciones de los órganos directivos y unidades del Departamento con las Administraciones públicas, así como ejercer el seguimiento de los actos de disposiciones de aquéllas.

2. De la Dirección General de Alta Inspección y Coordinación del Sistema Nacional de Salud dependen la Subdirecciones Generales siguientes:

a. Secretaría del Consejo Interterritorial del Sistema Nacional de Salud.
b. Subdirección General de Alta Inspección.

3. La Secretaría del Consejo Interterritorial del Sistema Nacional de Salud tiene como funciones:

a. El soporte técnico y administrativo al Consejo Interterritorial y al Comité Consultivo, a sus comisiones y grupos de trabajo, relativo a la preparación de reuniones y seguimiento de acuerdos, así como la ejecución de los mismos en materias de su competencia.
b. La coordinación de la actividad de los distintos órganos del Consejo Interterritorial y de las comisiones y grupos de trabajo dependientes del Comité Consultivo.
c. La presentación a los órganos del Consejo Interterritorial de los Asuntos procedentes de las Administraciones sanitarias de las Comunidades Autónomas y la elaboración de los informes técnicos previos a su tratamiento en las sesiones, sin perjuicio de las competencias de los distintos centros directivos del Departamento.
d. La preparación, en colaboración con los centros directivos correspondientes, de los asuntos a elevar al Pleno del Consejo Interterritorial.
e. El sometimiento a informe u observaciones de las Consejerías de las Comunidades Autónomas y de los representantes de la Administración del Estado en el Pleno, de los anteproyectos, normativa y documentación y la emisión de certificaciones correspondientes.

4. La Subdirección General de Alta Inspección tendrá las siguientes funciones:

a. El desarrollo y potenciación de las relaciones con las Comunidades Autónomas y sus Servicios de Salud, con las Corporaciones Locales y con otras entidades y organizaciones sanitarias, así como aquellas actividades de coordinación de los órganos directivos y unidades del Departamento con las Administraciones Públicas.
b. La tramitación y seguimiento de los acuerdos y convenios suscritos en el ámbito del Departamento con otras Administraciones públicas y entidades públicas o privadas, así como el seguimiento de la ejecución de los acuerdos adoptados en el Consejo Interterritorial del Sistema Nacional de Salud.
c. La recogida y análisis de información autonómica sobre estructuras, recursos sanitarios y actividades desarrolladas por las Comunidades Autónomas, sin perjuicio de las competencias de otras unidades del Departamento en la recogida de datos estadísticos a efectos de planificación.

d. El seguimiento y análisis de los actos y disposiciones de las Comunidades Autónomas, en ejercicio de las funciones que asigna al Estado el capítulo IV del Título II de la Ley General de Sanidad.

- *Artículo 14. Dirección General de Planificación Sanitaria. Sistemas de Información y Prestaciones.*

1. La Dirección General de Planificación Sanitaria, Sistemas de Información y Prestaciones, es el órgano al que le corresponde la planificación y coordinación de las actuaciones encomendadas a la definición y al aseguramiento de las prestaciones del Sistema Nacional de Salud; la evaluación de las necesidades financieras y distribución de los recursos presupuestarios; la elaboración del Plan de Calidad y, en colaboración con las Comunidades Autónomas, del plan integrado de salud, la planificación de los recursos necesarios para la asistencia sanitaria del Sistema Nacional de Salud, la elaboración de los criterios para el logro de la equidad en la asignación de recursos, y la fijación de las bases para el establecimiento de conciertos para la asistencia sanitaria.

2. De la Dirección General de Planificación Sanitaria, Sistemas de Información y Prestaciones dependen las siguientes Subdirecciones Generales:

- a. La Subdirección General de Programas y Servicios Sanitarios.
- b. La Subdirección General de Análisis Económico y Estudios.
- c. La Subdirección General de Sistemas de Información Sanitaria.

3. La Subdirección General de Programas y Servicios Sanitarios tendrá las siguientes funciones:

- a. Los estudios prospectivos sobre las necesidades asistenciales y de promoción de la salud de los ciudadanos.
- b. La realización de informes, estudios y análisis de evaluación y perspectivas sobre las necesidades y requerimiento de recursos en el ámbito del Sistema Nacional de Salud.
- c. Los estudios para la elaboración de propuestas en el proceso de transferencias a las Comunidades Autónomas.
- d. La elaboración de programas y planes de salud en el ámbito de las competencias del Estado, la realización y seguimiento, en colaboración con las Comunidades Autónomas de planes conjuntos, y la propuesta y seguimiento del Plan de Salud del Ministerio.
- e. El análisis de situación de las necesidades socio-sanitarias, la elaboración del plan de asistencia socio-sanitaria del Sistema Nacional de Salud y la elaboración de propuestas de colaboración con otros

Ministerios y con las Comunidades Autónomas para la ejecución del plan.

f. La elaboración de los informes preceptivos, así como de las valoraciones, en el ámbito de las competencias del Estado, en relación con las entidades de seguro libre sanitario y de los proveedores de servicios sanitarios.

4. La Subdirección General de Análisis Económico y Estudios tendrá las siguientes funciones:

a. El análisis y evaluación de los sistemas de financiación del Sistema Nacional de Salud y de sus necesidades económicas.
b. La elaboración de prospecciones económicas de las necesidades del Sistema Nacional de Salud a medio plazo.
c. El análisis de la repercusión económica de la ordenación de prestaciones.
d. Elaboración de estudios, informes y prospecciones de economía de la salud sobre los distintos aspectos del Sistema Nacional de Salud y la asistencia sanitaria de la Seguridad Social.
e. La gestión del Fondo de Cohesión, establecido en el artículo 4 de la Ley 21/2001.
f. La elaboración y propuesta de criterios sobre las relaciones económico-financieras entre el Sistema Nacional de Salud y las entidades de aseguramiento públicas y privadas, así como la compensación por otras formas de colaboración.
g. La elaboración de los criterios generales y directrices para la preparación del presupuesto del Instituto Nacional de Gestión Sanitaria.
h. La tramitación de los expedientes de modificaciones del presupuesto del Instituto Nacional de Gestión Sanitaria.
i. El control y seguimiento del gasto en asistencia sanitaria del Sistema Nacional de Salud, según lo dispuesto en el artículo 82 de la Ley 14/1986, General de Sanidad.
j. El Registro General de Centros, Servicios y Establecimientos Sanitarios.

5. La Subdirección General de Sistemas de Información Sanitaria tendrá las siguientes funciones:

a. El diseño y gestión del plan de sistemas de información del Sistema Nacional de Salud.
b. La colaboración con el plan informático del Ministerio de Sanidad y Consumo, al que se adecuará técnicamente.
c. La elaboración y actualización de estadísticas en colaboración con la Subdirección General de Análisis Económico y Estudios.

d. Las actuaciones en el ámbito de los sistemas de información a desarrollar por el Instituto Nacional de Gestión Sanitaria.
e. La coordinación de las estadísticas del Departamento.
f. La Secretaría de la Comisión de Estadística y elaboración y propuesta del plan de estadística del Departamento.
g. Las relaciones con el Instituto Nacional de Estadística.
h. La Dirección del Centro Nacional de Información Sanitaria.

- *Articulo 15. Instituto General de Gestión Sanitaria.*

1. El Instituto Nacional de la Salud pasa a denominarse Instituto Nacional de Gestión Sanitaria, conservando el régimen jurídico, económico, presupuestario y patrimonial y la misma personalidad jurídica y naturaleza de Entidad Gestora de la Seguridad Social. Le corresponderá la gestión de los derechos y obligaciones del INSALUD, las prestaciones sanitarias en el ámbito de las Ciudades de Ceuta y Melilla y realizar cuantas otras actividades sean necesarias para el normal funcionamiento de sus servicios, en el marco de lo dispuesto por la disposición transitoria tercera de la Ley 14/1986, de 25 de abril, General de Sanidad.

2. La presidencia del Instituto Nacional de Gestión Sanitaria corresponde al Secretario general de Sanidad.

3. Los servicios centrales y periféricos dependientes de la extinguida Dirección General del Instituto Nacional de la Salud que no resulten suprimidos por el presente Real Decreto se agrupan en el Instituto Nacional de Gestión Sanitaria, con las Subdirecciones Generales siguientes:

a. Subdirección General de Atención Sanitaria.
b. Subdirección General de Gestión Económica y Recursos Humanos.

4. En el marco de lo dispuesto en el apartado 1, corresponde al Director del Instituto Nacional de Gestión Sanitaria, con el nivel orgánico de Subdirector general, el ejercicio de las facultades atribuidas a los Directores de las Entidades Gestoras de la Seguridad Social, en su respectivo ámbito territorial de actuación y, en general, la dirección y gestión ordinaria del referido Instituto.

5. La Subdirección General de Atención Sanitaria, tendrá como funciones la ordenación, control y evaluación de la gestión de la atención primaria, la atención especializada y los conciertos del Instituto Nacional de Gestión Sanitaria.

6. La Subdirección General de Gestión Económica y Recursos Humanos tendrá las siguientes funciones:

a. La gestión de presupuestos y control económico.
b. La gestión de obras, instalaciones y suministros.
c. La ordenación y ejecución de la política de personal del Instituto Nacional de Gestión Sanitaria.
d. La asistencia técnica y administrativa a todos los servicios centrales del Instituto y la relación con los servicios periféricos y el régimen interior, así como la secretaría de los órganos de participación en el control y vigilancia de la gestión.

7. Se adscribe al Instituto Nacional de Gestión Sanitaria la Organización Nacional de Trasplantes, con nivel orgánico de Subdirección General y con las funciones establecidas por el Real Decreto 2070/1999, de 30 de diciembre, y el Centro Nacional de Dosimetría de Valencia, con el nivel orgánico que se determine en las correspondientes relaciones de puestos de trabajo.

8. A la dirección del Instituto Nacional de Gestión Sanitaria se adscribirá, con el nivel orgánico que se establezca en la correspondiente relación de puestos de trabajo, la Intervención Central, sin perjuicio de su dependencia funcional con respecto a la Intervención General de la Administración del Estado y a la Intervención General de la Seguridad Social.

BIBLIOGRAFIA_____

Luisa Cano Vega. (Diplomada en Enfermería).

Alicia Estrella Pérez. (Diplomada en Enfermería).

Milagros M. Serrano Morón. (Diplomada en Enfermería).

Pablo A. Valladolid Huertas. (Perito Tasador Judicial y Auxiliar de Enfermería).

"Conocimientos básicos y funciones del Celador, El Celador de Servicios Específicos (II)", Formación Continuada Logoss. 10º Edición. Coordinadora: Alicia Estrella Pérez.

Autoras:

- Mª de los Ángeles Tejado Alamillo.
- Ana Redondo Crespo.
- Blanca Rodríguez Ortuño.

Primera edición: febrero 2012
C 2012
ISBN: 9781471629907

ISBN 978-1-4716-2990-7

www.ingramcontent.com/pod-product-compliance
Lightning Source LLC
Chambersburg PA
CBHW031329290526
45784CB00014B/2443